电解铝企业岗位作业安全风险辨识及防控手册

阳极组装

中国铝业股份有限公司　编

北京交通大学出版社

·北京·

内容简介

为强化岗位作业的安全风险管控，达到安全管理重心下移、变事后被动应对为事前主动预防的目的，中国铝业股份有限公司安全环保健康部组织专业技术人员及基层一线班组长编写了本手册。

本手册对电解铝企业岗位作业中存在的风险，系统性地进行了全面分析查找，并有针对性地制定了防控措施，用于指导电解铝企业班组岗位作业安全风险的防控。本手册的主要内容来源于电解铝企业岗位生产实际，涵盖了电解铝生产及检维修的全流程，分为电解铝、合金熔铸、阳极组装、阳极炭素、物流仓储五个分册，具有较强的针对性、实用性和可操作性。

图书在版编目（CIP）数据

电解铝企业岗位作业安全风险辨识及防控手册. 阳极组装/中国铝业股份有限公司编 .—北京：北京交通大学出版社，2022. 4
ISBN 978 - 7 - 5121 - 4672 - 3

Ⅰ. ①电…　Ⅱ. ①中…　Ⅲ. ①炼铝-电解冶金-工业企业管理-安全管理-风险管理-中国-手册 ②氧化铝电解-阳极氧化-手册 Ⅳ. ①F426. 32-62 ②TF111. 52-62 ③TG174. 451-62

中国版本图书馆 CIP 数据核字（2022）第 006854 号

电解铝企业岗位作业安全风险辨识及防控手册 · 阳极组装
DIANJIELÜ QIYE GANGWEI ZUOYE ANQUAN FENGXIAN BIANSHI JI FANGKONG SHOUCE · YANGJI ZUZHUANG

责任编辑：严慧明
出版发行：北京交通大学出版社　　电话：010-51686414　　http：//www. bjtup. com. cn
地　　址：北京市海淀区高梁桥斜街 44 号　　邮编：100044
印 刷 者：北京鑫海金澳胶印有限公司
经　　销：全国新华书店
开　　本：260 mm×185 mm　　印张：10. 25　　字数：256 千字
版 印 次：2022 年 4 月第 1 版　　2022 年 4 月第 1 次印刷
定　　价：45. 00 元

本书如有质量问题，请向北京交通大学出版社质监组反映。对您的意见和批评，我们表示欢迎和感谢。
投诉电话：010 - 51686043，51686008；传真：010 - 62225406；E-mail：press@ bjtu.edu.cn。

《电解铝企业岗位作业安全风险辨识及防控手册·阳极组装》编委会

主　　任　蒋　涛

评　　审　罗存存　苏其军　许　晶　李　东　高向君　周晓兵

编写人员　赵　波　侯　健　杨文斌　高　磊　白　龙　周　东

　　　　　刘云亮　王义兴　鲁成莲　秦　鑫　陈　东

前 言

岗位作业安全风险辨识是班组安全管理的重要环节，是安全管理重心下移、关口前移、变事后被动应对为事前主动预防的有效方式。岗位作业安全风险辨识就是对各生产岗位、各作业环节存在的风险进行全方位辨识，对可能存在的危险有害因素进行分析评估，并有针对性地制定风险防控措施，最终形成岗位作业“辨识和评估风险—降低和控制风险—预防和消除事故”的安全管理模式。同时借助信息化的管理手段，建立岗位作业安全风险辨识数据库，使各类岗位作业始终处于动态受控的状态。

为进一步推进和完善岗位作业安全风险辨识工作，中国铝业股份有限公司安全环保健康部组织部分电解铝企业安全、生产、设备方面的专业技术人员及基层一线班组长，从运行操作、检修维护、故障排除、点检巡视等方面开展了作业风险辨识工作，按照岗位作业基本流程，根据作业步骤进行了风险辨识，找出了每一项作业潜在的风险及风险等级，并制定了具体的防控措施。

本手册的内容来源于生产实际，涵盖了电解铝及其相关生产和检维修的全流程，分为电解铝、合金熔铸、阳极组装、阳极炭素、物流仓储五个分册，具有较强的针对性、实用性和可操作性，可用于指导现场岗位作业风险辨识、工作票编制（CARC 表）、安全交底、安全确认等工作。希望本手册能对电解铝企业的班组安全管理提供帮助，为岗位作业提供有力的安全保障。

感谢包头铝业有限公司、内蒙古华云新材料有限公司、中铝物流集团有限公司对本手册编写工作的大力支持和配合。

由于编者水平有限，书中难免有疏漏或不足之处，敬请广大读者不吝指正。

编写组

2021 年 8 月 28 日

目　　录

阳极组装是电解铝生产的配套工序，主要任务是处理电解残极及组装新阳极。处理残极是将电解工序运来的残极，以自动或手动方式，通过清理、破碎、抛丸、压脱等环节，一是将残极上的电解质进行分离回收，二是将钢制导杆和残阳极进行分离回收。组装新阳极是利用熔融的 1 350~1 450 ℃磷生铁铁水将阳极炭块和钢制导杆组合在一起，组装好的成品阳极送电解工序以供使用。

1　阳极组装生产工艺及流程概述

从电解槽上卸下并经冷却的残极由拖极车拖运到组装生产区域，经装卸站挂到悬挂输送机上，通过自动清理机或人工方式进行残阳极表面电解质清理后，经压脱机使残阳极和钢制导杆组分离。残阳极被送至回收站，导杆组被输送到磷铁压脱站且导杆钢爪上的磷铁环被剥离下来。导杆经校直维修后可重复使用，磷铁环送至中频炉熔化后浇铸阳极与导杆钢爪组，进而组装出新的阳极组。新阳极组在装卸工位卸离悬链系统，由阳极拖车送入电解工序。

阳极组装工序及配套流程主要包括：残阳极吊装清理、新阳极吊装、磷生铁熔化、组装浇铸、成品转运、设备检修六大部分，主要设备有中频炉、阳极组装生产线（包括悬链机、残极压脱机、输送皮带、磷铁环压脱机、磷铁皮带、装卸站）、天车、叉车等。

阳极组装生产工艺流程如图 1.1 所示。

2　阳极组装生产过程主要危险有害因素

阳极组装生产过程主要的设备设施通常比较集中，由成套的阳极组装生产线和中频炉组成。阳极组装生产过程由于作业区域的限制，存在不少风险，包括：叉车、天车、阳极拖车、货车等交叉作业较多，组装生产线的悬链机运行时悬挂的残阳极和导杆极易与进入的人员、车辆发生碰撞；残极压脱时产生的粉尘和噪声较大；中频炉熔融的铁水温度达 1 350~1 450 ℃（新炉烧结时温度达到 1 600 ℃），入炉的磷铁等物料在熔融时会产生飞溅；中频炉电气系统因负荷过高会造成发热、绝缘系统老化、火灾等；磷铁浇铸时遇潮会产生飞溅等。

阳极组装生产运行与维检中使用的设备设施涉及压力容器、起重机械、厂内机动车辆，同时涉及熔炼作业、高处作业、起重作业、厂内机动车辆驾驶、电工作业、有限空间作业、焊接与热切割作业等。

阳极组装生产过程可能存在的主要危险因素有触电、火灾、爆炸、灼烫、中毒窒息、高处坠落、机械伤害、起重伤害、车辆伤害，可能存在的主要有害因素有粉尘、高温、电离辐射、噪声等。

阳极组装生产过程主要危险有害因素见表 2.1。

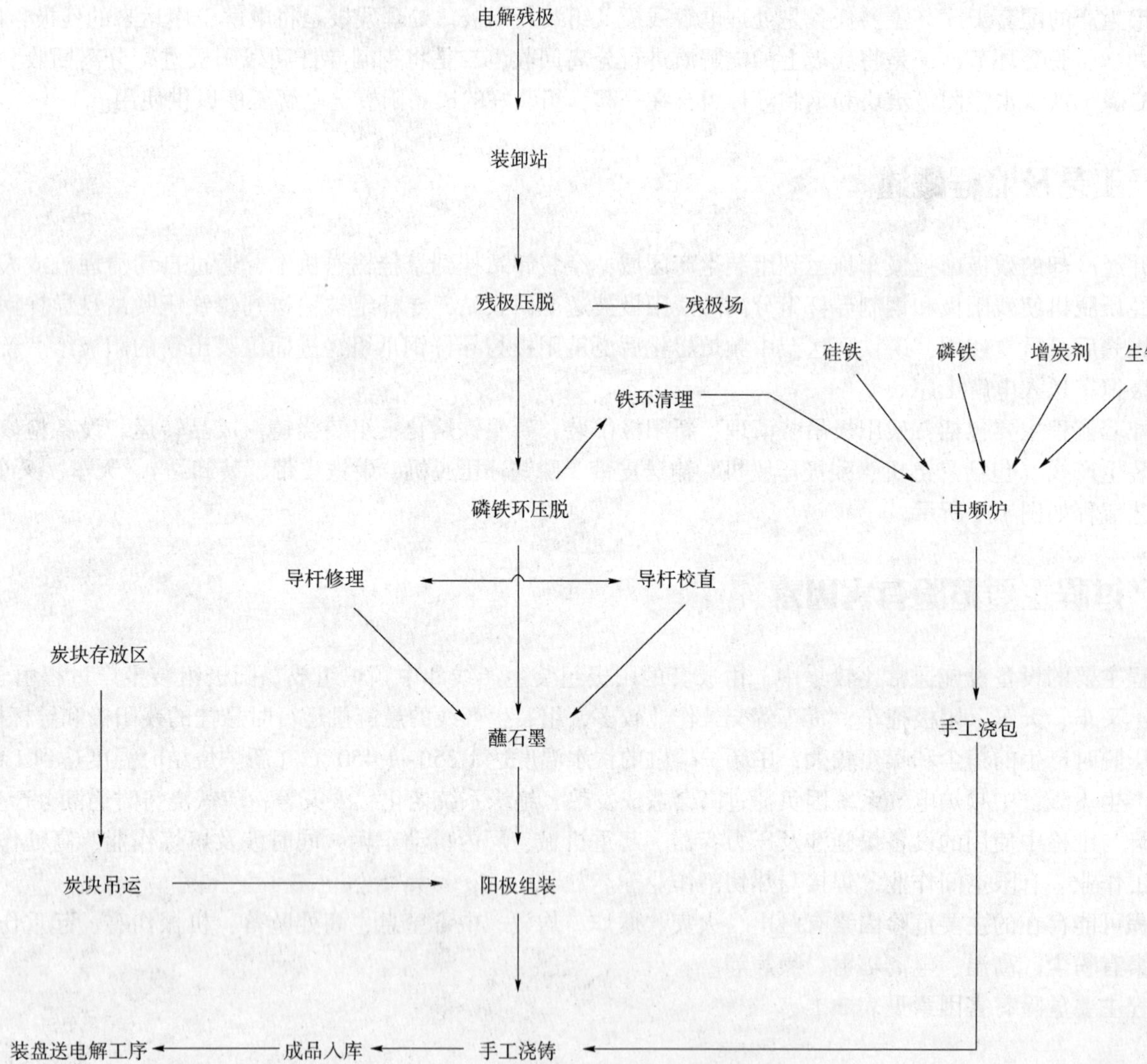

图 1.1　阳极组装生产工艺流程

表 2.1　阳极组装生产过程主要危险有害因素一览表

序号	工序	岗位名称	主要设备设施	危险有害因素
1	残阳极吊装	装卸站	皮带、天车	机械伤害、触电、起重伤害、粉尘
2	残阳极清理	残极清理、磷铁环压脱	皮带、残极（磷铁环）压脱机、悬链	机械伤害、物体打击、粉尘、噪声
3	磷铁环熔化	熔炼	中频炉、天车、叉车	触电、火灾、爆炸、起重伤害、车辆伤害、灼烫、电离辐射、高温、粉尘
4	阳极组装浇铸	浇铸	天车、钢水包	起重伤害、灼烫、高温、噪声、粉尘
5	成品转运	工艺车	天车、工艺车、钢水包	起重伤害、车辆伤害、灼烫、噪声
6	设备检修	检修	天车、工艺车、皮带、焊机、氧气、乙炔	起重伤害、车辆伤害、灼烫、触电、物体打击、高处坠落、中毒窒息、噪声、粉尘

3　班组岗位作业安全风险辨识及防控措施

阳极组装岗位作业按照生产运行和设备检修两部分进行风险辨识，重点针对具体作业活动的每个操作步骤找出存在的风险，分析风险等级并制定防控措施。

3.1　生产运行

经辨识，生产运行主要的作业活动有 12 项，其岗位作业存在 331 项风险，其中辨识出一级风险 1 项、二级风险 5 项、三级风险 14 项、四级风险 311 项。

3.1.1　生产运行主要的作业活动/工作流程

①装卸站作业；②清极；③残极、磷铁环压脱；④导杆及钢爪校直；⑤堆垛天车操作；⑥石墨站作业；⑦中频炉作业；⑧中频炉应急；⑨浇铸；⑩劈铁；⑪残极破碎；⑫抛丸机作业。

3.1.2 生产运行岗位安全风险辨识及防控措施

生产运行岗位安全风险辨识及防控措施见表 3.1 至表 3.12。

表 3.1 装卸站作业安全风险辨识及防控措施一览表

序号	主要操作步骤	存在的风险	风险等级分析					主要防控措施	备注
			后果	暴露	可能性	风险值	风险等级		
1	作业前检查人员状态和劳动保护用品穿戴情况	1. 作业人员班前喝酒、身体不适、精神状态不好等，可能导致作业过程中注意力不集中，导致人员伤害	15	3	1	45	四级	作业前，作业负责人检查作业人员是否酒后上岗，询问是否身体不适，观察精神状态，确认良好后方可作业	
2		2. 未正确穿戴岗位作业需穿戴的劳动保护用品，可能导致灼烫伤害、砸伤、刺伤等其他伤害或引发职业危害	15	3	1	45	四级	作业前，确保工作服穿着做到“三紧”、劳保鞋鞋带系好、安全帽帽带系好，裤脚必须放置在靴子外侧，防护面罩严格放到位，如有破损，应及时更换	
3	作业前风险辨识	1. 装卸站作业前不进行风险辨识就开展作业，导致人员伤害	15	3	1	45	四级	作业前要进行口袋卡宣读，现场手指口述进行风险辨识，所有人员都落实风险防控措施	
4		2. 不了解现场风险隐患，导致人员伤害	15	3	1	45	四级	辨识现场的不安全因素，及时排除隐患后再作业	
5		3. 风险辨识不全面，遗漏作业风险项，员工盲目操作，导致人身伤害	15	3	1	45	四级	要结合现场实际作业项进行风险辨识，每班班前抽查员工掌握情况	
6		4. 不明确互联互保人员，作业中出现紧急状况时导致人身伤害	15	3	1	45	四级	每日班会明确互联互保人员，并抽查	

续表

序号	主要操作步骤	存在的风险	风险等级分析					主要防控措施	备注
			后果	暴露	可能性	风险值	风险等级		
7	检查翻盘小车及工器具	1. 使用破损、不完整的长杆铁钩及撬棍，造成人身伤害	50	2	0.5	50	四级	确认长杆铁钩及撬棍可靠、安全、有效，如有开焊破损，及时通知检修部门进行处理	
8		2. 使用有缺陷的撬棍、大锤、长杆铁钩，易发物体打击等	50	2	0.5	50	四级	作业前严格检查撬棍、大锤、长杆铁钩的安全、可靠性，确保其无开焊损坏	
9		3. 工器具乱摆乱放，造成作业时绊倒、摔伤等	50	2	0.5	50	四级	检查撬棍、大锤、长杆铁钩的摆放是否规整，作业后及时将工器具存放于指定位置	
10		4. 风镐与风管连接处不牢固，脱扣后风管易造成人员打击伤害	50	2	0.5	50	四级	作业前检查风镐是否安全、可靠，确保风管连接处牢固可靠、风镐钎安装紧固	
11	操作翻盘小车	1. 放置不平稳的托盘跌落，损伤设备或伤害人员	50	2	0.5	50	四级	与叉车作业人员配合，双方做好确认，将托盘放置平稳	
12		2. 未检查下料口附近是否有人员，造成人员伤害	50	2	0.5	50	四级	操作工必须相互配合，确认安全后再作业	
13		3. 空盘退回不到位，造成人员机械伤害	50	2	0.5	50	四级	操作过程中严禁人员停留在托盘运行范围内且在确认托盘复位后再进行操作	
14		4. 设备操作台操作按钮或急停按钮失效，在操作时不能正确执行指令或紧急停车	50	2	0.5	50	四级	作业前应对设备进行详细点检和单项试车，确认各操作按钮及设备运行完好，紧急情况下按下急停按钮并做好挂牌上锁措施后方能进行故障处理	
15		5. 站位不当，造成人员机械伤害	50	2	0.5	50	四级	确保人员站位安全、可靠，保证安全距离	

续表

序号	主要操作步骤	存在的风险	风险等级分析					主要防控措施	备注
			后果	暴露	可能性	风险值	风险等级		
16	上残极操作	1. 残极导杆开焊、断爪，在上线过程中易发生脱落，导致砸伤人员	50	2	1	100	三级	上线前检查残极导杆是否开焊，发现开焊后使用防倒架将其移至指定位置并做好防倾倒措施	
17		2. 残缺的钟罩与导杆锁扣不牢，导致导杆脱落倾倒伤人	50	2	1	100	三级	严格检查钟罩是否有缺陷，确保站位安全、可靠，保证安全距离	
18		3. 悬链、钟罩、翻盘小车在运行时出现卡阻故障，处理时导致人员受伤	50	2	0.5	50	四级	（1）处理悬链、钟罩、翻盘小车卡阻故障时必须确认悬链系统处于停止运行状态 （2）借助工具处理故障 （3）待卡阻故障处理完毕且人员撤离危险区域后，方能启动悬链系统	
19		4. 叉运残极时发生倾斜倾倒，导致人员受伤	50	2	1	100	三级	（1）确保人员站位安全、可靠，保证安全距离 （2）使用工器具配合叉车时，必须做好双方确认	
20		5. 叉车未退出安全距离就放出残极，易碰到车辆，造成人员伤害	50	2	0.5	50	四级	待叉车退出安全距离且做好双方确认后再放出残极	
21	导杆上下线	1. 检查导杆不仔细，有钢爪开焊及吊耳开焊，造成脱落打击伤害	50	2	1	100	三级	作业前对导杆外观进行详细检查，包括钢爪接口、吊耳接口、爆炸焊接口，确保安全距离，站位安全、可靠	
22		2. 导杆上线过程中，钢爪上的磷铁松动脱落掉下，导致人员伤害	50	2	0.5	50	四级	（1）检查安全设施的可靠性 （2）处理时借助工器具，不可以用手直接处理且站位要安全、可靠，确保安全距离	
23		3. 叉运导杆时发生倾斜倾倒，导致人员受伤	50	2	1	100	三级	确保人员站位安全、可靠，保证安全距离，并利用防倒架叉运	

续表

序号	主要操作步骤	存在的风险	风险等级分析					主要防控措施	备注
			后果	暴露	可能性	风险值	风险等级		
24	成品阳极上下线	1. 不安全的站位易造成人身伤害	50	2	0.5	50	四级	保证安全距离，确保站位安全、可靠	
25		2. 未借助工器具而直接用手松脱钟罩上的导杆挂钩，易发生挤压等机械伤害	50	2	0.5	50	四级	必须使用专用工器具松卸钟罩上的导杆挂钩，严禁直接用手松卸挂钩	
26		3. 工器具勾连钟罩时滑脱，对人造成打击伤害	50	2	0.5	50	四级	（1）检查安全设施的可靠性 （2）处理时借助工器具，不可以用手直接处理且保证站位要安全、可靠，确保安全距离	
27	清扫卫生	1. 未停机就进行清扫，易发生机械伤害事故	15	3	1	45	四级	清扫工作必须在设备停机并上锁挂牌后方可进行，必要时按下急停按钮或拉下急停开关，避免设备异常启动	
28		2. 长期过量吸入飞扬的粉尘，可能导致职业伤害	15	3	1	45	四级	保证除尘、收尘设施完好并正常运行，作业时按照职业卫生防护标准正确配发防尘口罩，人员正确佩戴防尘口罩	
29		3. 在导杆下方清扫卫生，易发生打击伤害	15	3	1	45	四级	作业人员与导杆保持安全距离	

表 3.2　清极作业安全风险辨识及防控措施一览表

序号	主要操作步骤	存在的风险	风险等级分析					主要防控措施	备注
			后果	暴露	可能性	风险值	风险等级		
1	作业前检查人员状态和劳动保护用品穿戴情况	1. 作业人员班前喝酒、身体不适、精神状态不好等，可能导致作业过程中注意力不集中，造成人员伤害	15	3	1	45	四级	作业前，作业负责人检查作业人员是否酒后上岗，询问是否身体不适，观察精神状态，确认良好后方可作业	
2		2. 未按规定着装（工作服、劳保鞋、安全帽、防尘口罩、防护面罩等），可能导致烫伤和职业健康危害	15	3	1	45	四级	作业前，确保工作服穿着做到“三紧”、劳保鞋鞋带系好、安全帽帽带系好，裤脚必须放置在靴子外侧，防护面罩严格放到位，如有破损，应及时更换	

续表

序号	主要操作步骤	存在的风险	风险等级分析					主要防控措施	备注
			后果	暴露	可能性	风险值	风险等级		
3	作业前风险辨识	1. 未开展浇铸清极作业风险辨识，导致人员伤害	15	3	1	45	四级	每次浇铸清极作业前要进行风险辨识	
4		2. 未结合现场实际进行风险辨识，导致人员伤害	15	3	1	45	四级	风险辨识要结合现场实际，根据工作环境的变化完善辨识内容	
5		3. 风险辨识有遗漏，导致人员伤害	15	3	1	45	四级	要根据人员、环境、设备进行风险辨识	
6		4. 未明确作业负责人，未确定互联互保人员，导致人员伤害	15	3	1	45	四级	指定作业负责人和互联互保人员	
7		5. 未掌握作业时的风险，导致人员伤害	15	3	1	45	四级	抽查熔炼作业人员对存在的风险和相关防控措施的掌握情况	
8		6. 不清楚清极作业风险的防控措施，导致人员伤害	15	3	1	45	四级	对照口袋卡和作业任务中存在的风险，手指口述逐项进行提示提醒并落实安全措施	
9	检查撬棍、大锤、风镐、长杆铁钩及其摆放	1. 使用有缺陷的撬棍、大锤、风镐、长杆铁钩，易发物体打击等事故	15	6	0.5	45	四级	作业前严格检查撬棍、大锤、风镐、长杆铁钩的安全、可靠性，确保其无开焊损坏	
10		2. 撬棍、大锤、长杆铁钩乱摆放，易绊倒人，导致发生意外伤害	15	6	0.5	45	四级	检查撬棍、大锤、长杆铁钩的摆放是否规整，作业中及时拿取并存放于指定位置	
11		3. 风镐与风管连接处不牢固，脱扣后风管易造成人员打击伤害	15	6	0.5	45	四级	作业前检查风镐的安全、可靠性，确保风管连接处牢固可靠、风镐钎安装紧固	

续表

序号	主要操作步骤	存在的风险	风险等级分析					主要防控措施	备注
			后果	暴露	可能性	风险值	风险等级		
12	清理残极	1. 使用风镐清理残极时未正确佩戴护目镜、防护面罩等劳动保护用品，可能因残极块、粉飞溅击打导致人员受伤	15	6	0.5	45	四级	劳动保护用品穿戴齐全，使用风镐时必须佩戴护目镜	
13		2. 残极运输过程中易发生残极脱落，造成人员砸伤	15	6	0.5	45	四级	与残极保持至少 5 m 以上的安全距离，在清理掉落的残极块时，要将导杆防护栏放置到位，避免导杆脱落伤人	
14		3. 易发生残极掉落，造成物体打击事故	15	6	0.5	45	四级	检查安全设施的可靠性，处理卡阻时必须采用工器具，人员站位要安全、可靠	
15		4. 易发生悬链卡阻，造成导杆脱落	15	6	0.5	45	四级	发生悬链卡阻时应立即停止悬链系统的运行，利用工器具进行调整，处理时人员站位应合理并确保处于安全距离	
16		5. 自动清理过程中已发生残极脱落，人员处理时易造成砸伤	15	6	0.5	45	四级	确保急停按钮按下，全线断电、挂牌上锁，要将导杆防护栏放置到位，避免导杆脱落伤人，利用铁钩清理脱落残极	
17		6. 站位不稳，易发生摔伤事故	15	6	0.5	45	四级	处理卡阻时必须采用工器具，人员站位要安全、可靠	

续表

序号	主要操作步骤	存在的风险	风险等级分析					主要防控措施	备注
			后果	暴露	可能性	风险值	风险等级		
18	清理残极	7. 使用风镐清理破块时，站位不稳，易造成人员摔伤	15	6	0.5	45	四级	检查风镐的安全、可靠性，确保风镐钎安装紧固，打击过程中注意安全站位，保持安全距离	
19	破碎料通过破碎系统进入料仓	1. 在下料口作业时未系安全带，易发生高处坠落事故	50	1	1	50	四级	按规定系好安全带，作业前对安全带进行详细检查，确保卡扣安全、可靠	
20		2. 进入皮带地坑进行巡视检查等作业时，易发生窒息、异常卷入、摔倒等伤害	50	2	1	100	三级	需要进入皮带地坑进行作业时必须先停机，采取挂牌上锁、断电等措施，必要时安排专人监护	
21		3. 处理故障不断电、转换开关不在检修位、不挂牌，贸然打开观察口，易造成人身伤害	50	2	1	100	三级	要先停机，确保急停按钮按下，应急拉线断开，全线断电、挂牌上锁，杜绝独自一人进入滚轴筛	
22		4. 环锤破碎机观察门破损，导致破碎料飞溅伤人	50	1	1	50	四级	(1) 启动环锤破碎机前必须对设备进行细致的点检，及时发现开焊破损或异响 (2) 作业过程中必须对设备进行巡检，发现破损后及时做停机处理，确保停机后，开具检修票进行补焊处理	

续表

序号	主要操作步骤	存在的风险	风险等级分析					主要防控措施	备注
			后果	暴露	可能性	风险值	风险等级		
23	破碎料通过破碎系统进入料仓	5. 在斗提运转过程中打开观察孔，易发生机械伤害	50	1	1	50	四级	作业时必须先停机，采取挂牌上锁、断电等措施，必要时安排专人监护	
24		6. 斗提运输破碎料发生堵集而未借助工器具处理堵集料，易发生机械伤害	50	2	1	100	三级	处理斗提堵集料时必须首先停机并挂牌上锁，使用专用工器具对堵集区域进行疏通，确认疏通后方能启动设备	
25		7. 粉尘较大，易造成职业病	50	1	1	50	四级	确保除尘设备的正常使用，且佩戴好防尘口罩	
26	进入皮带地坑	1. 上下楼梯时踩空，造成人员摔伤	25	2	0.5	25	四级	(1) 检查扶梯护栏是否牢固、可靠，如有损坏，应及时处理 (2) 双手扶好扶手	
27		2. 未停止设备作业，造成人员机械伤害	25	2	0.5	25	四级	确认设备停止后再作业，并检查拉绳开关是否处于正常位置	
28		3. 拉绳开关失灵，造成人员机械伤害	25	2	0.5	25	四级	作业前检查拉绳开关是否正常、有效，并确保有专人现场监护	
29		4. 未断电、挂牌上锁，人员误操作，造成人员机械伤害	50	2	1	100	三级	作业前必须断电、挂牌上锁，确认皮带地坑无人后再作业，必须确保三方确认并严格执行“谁挂牌上锁，谁取牌开锁”	

续表

序号	主要操作步骤	存在的风险	风险等级分析					主要防控措施	备注
			后果	暴露	可能性	风险值	风险等级		
30	清扫卫生	1. 未停机就进行清扫，易发生机械伤害事故	25	1	3	75	三级	停机后，将急停按钮按下、拉线开关断开，将电源断电，挂牌上锁	
31		2. 清扫时粉尘较大，易影响职业健康	5	1	1	5	四级	要确保除尘设备的正常使用，且佩戴好防尘口罩	
32		3. 在导杆下方清扫卫生，易发生导杆倾倒，导致人员受到打击伤害	25	1	3	75	三级	确认悬链停止运行，离线的导杆要放置可靠	

表 3.3　残极、磷铁环压脱作业安全风险辨识及防控措施一览表

序号	主要操作步骤	存在的风险	风险等级分析					主要防控措施	备注
			后果	暴露	可能性	风险值	风险等级		
1	作业前检查人员状态和劳动保护用品穿戴情况	1. 作业人员班前喝酒、身体不适、精神状态不好等，可能导致作业过程中注意力不集中，造成人员伤害	15	3	1	45	四级	作业前，作业负责人检查作业人员是否酒后上岗，询问是否身体不适，观察精神状态，确认良好后方可作业	
2		2. 未按规定着装（工作服、劳保鞋、安全帽、防尘口罩、防护面罩等），可能导致烫伤和职业健康危害	15	3	1	45	四级	作业前，确保工作服穿着做到“三紧”、劳保鞋鞋带系好、安全帽帽带系好，裤脚必须放置在靴子外侧，防护面罩严格放到位，如有破损，应及时更换	

续表

序号	主要操作步骤	存在的风险	风险等级分析					主要防控措施	备注
			后果	暴露	可能性	风险值	风险等级		
3	作业前风险辨识	1. 残极、磷铁压脱作业前不进行风险辨识就开展作业，易导致人员伤害	15	3	1	45	四级	作业前进行口袋卡宣读，现场手指口述进行风险辨识，所有人员都落实风险防控措施	
4		2. 不了解现场风险隐患就直接工作，导致人员伤害、设备损坏	15	3	1	45	四级	辨识现场的不安全因素，及时排除隐患后再作业	
5		3. 风险辨识不全面，遗漏作业风险项，员工盲目操作，易导致人身损害	15	3	1	45	四级	要结合现场实际作业项完善风险辨识，每班班前会抽查员工掌握情况	
6		4. 不明确互联互保人员，作业中出现紧急状况时易导致人身伤害	15	3	1	45	四级	每日班会明确互联互保人员，并抽查	
7	检查点检设备	1. 未进行设备点检，易造成设备故障，从而造成人员伤害	25	2	0.5	25	四级	（1）作业前对设备进行详细的点检，并及时处理问题，避免设备“带病”作业 （2）若作业过程中设备出现故障，要做好现场防护，开工作票，停机断电并挂牌上锁检修	
8		2. 安全设施及安全附件存在缺陷，磷铁环压脱过程中出现迸溅并打击作业人员身体，导致人员受伤	25	2	0.5	25	四级	作业前认真检查安全设施、安全附件是否完好有效，在确保操作岗位防护网、现场照明等设施完好后方可作业，若发现缺陷，应立即处理	
9		3. 试运行设备时未确认点检操作台按钮有效，易误操作，造成机械伤害	25	2	1	50	四级	确保点检操作台各按钮准确有效，并确认本人作业范围内无其他人员，本人站位安全、可靠	

续表

序号	主要操作步骤	存在的风险	风险等级分析					主要防控措施	备注
			后果	暴露	可能性	风险值	风险等级		
10	导杆进入并压脱	1. 易出现导杆脱落，造成人员砸伤	15	3	0.5	22.5	四级	确认本机设备的导杆防护架无开焊变形，处理卡阻时必须采用工器具，人员站位要安全、可靠	
11		2. 导杆卡阻导致晃动过大，造成人员伤害	15	3	0.5	22.5	四级	首先利用急停按钮使悬链停止运行，避免导杆晃动过大导致脱落，处理卡阻时必须采用工器具，人员站位要安全、可靠	
12		3. 导杆脱落，造成人员受伤	15	3	0.5	22.5	四级	按下急停按钮，确保本人处于安全站位，处理时必须采用工器具，及时做好现场防护	
13		4. 导杆夹紧时不到位，导致压脱时钢爪偏离、磷铁飞溅，造成人员伤害	15	3	0.5	22.5	四级	操作时确认安全防护设施完好，操作台增加防护笼，防护笼外侧增加防护网，时刻关注并确保本岗位作业区域无其他人员进入，站位要安全、可靠，确保安全距离	
14		5. 粉尘过大，导致人员患职业病	15	3	0.5	22.5	四级	作业前确保除尘设备运转正常，佩戴好防尘口罩，穿戴好其他劳动保护用品	
15		6. 地面光滑，易造成人员滑倒	15	3	0.5	22.5	四级	及时清理地面，确保粉尘不堆积	

续表

序号	主要操作步骤	存在的风险	风险等级分析					主要防控措施	备注
			后果	暴露	可能性	风险值	风险等级		
16	处理突发状况	1. 处理堵料时未停机，易造成作业人员机械伤害	15	3	1	45	四级	必须停机挂牌、断电处理，必须派专人监护处理，人员站位要安全、可靠，确保安全距离，利用工器具进行作业	
17		2. 易发生悬链卡阻，造成导杆脱落	15	3	1	45	四级	第一时间按下急停按钮，利用工器具进行调整，站位要安全、可靠，确保安全距离	
18		3. 未停机处理悬链故障，造成人员受伤	15	3	1	45	四级	必须按下悬链急停按钮，挂牌上锁，上下爬梯时要扶好扶手，系好安全带，处理结束后启动悬链时必须先确认人员全部撤离，然后再启动悬链	
19		4. 断裂的钢爪脱落，造成人员砸伤	15	3	1	45	四级	立即停机断电，确保安全距离，确保站位安全、可靠	
20		5. 钟罩与导杆脱离，导致导杆倾倒，造成人员受伤	15	3	1	45	四级	立即停机断电，保证安全距离，确保站位安全、可靠	
21	清理设备及地坑卫生	1. 粉尘过大，易造成职业病	15	3	1	45	四级	作业前确保除尘设备运转正常，佩戴好防尘口罩，穿戴好其他劳动保护用品	
22		2. 在作业环境不良、安全措施未到位情况下作业，易发生机械伤害等事故	15	3	1	45	四级	检查拉绳开关是否有效、正常，必须停机断电、挂牌上锁，安排专人监护清理卫生	
23		3. 在导杆下方清扫卫生，易发生打击伤害	15	3	1	45	四级	先确认悬链停止运行且站位安全、可靠，再进行卫生清扫	

表 3.4 导杆及钢爪校直作业安全风险辨识及防控措施一览表

序号	主要操作步骤	存在的风险	风险等级分析					主要防控措施	备注
			后果	暴露	可能性	风险值	风险等级		
1	作业前检查人员状态和劳动保护用品穿戴情况	1. 作业人员班前喝酒、身体不适、精神状态不好等，可能导致作业过程中注意力不集中，造成人员伤害	15	3	1	45	四级	每日班前会上班组长检查员工精神状态，并检查是否有酒后上岗人员，如有，应及时劝退，不准其进入操作岗位	
2		2. 不系安全帽下颏带，易发生人员砸伤、碰伤、擦伤	15	3	1	45	四级	规范佩戴安全帽，并系好下颏带	
3		3. 不佩戴防尘口罩，易导致人员患职业病	15	3	1	45	四级	规范佩戴防尘口罩	
4		4. 不拉拉链、不系纽扣，易造成碰伤、摔伤、烫伤	15	3	1	45	四级	规范穿着工作服，拉链拉到位	
5	作业前风险辨识	1. 未结合现场实际进行风险辨识，导致人员伤害	15	3	1	45	四级	每次导杆及钢爪校直作业前要进行风险辨识	
6		2. 风险辨识有遗漏，导致人员伤害	15	3	1	45	四级	风险辨识要结合现场实际，根据工作环境的变化完善辨识内容	
7		3. 未明确作业负责人，未确定互联互保人员，导致人员伤害	15	3	1	45	四级	指定作业负责人和互联互保人员	
8		4. 未掌握作业时的风险，导致人员伤害	15	3	1	45	四级	抽查校直作业人员对存在的风险和相应防控措施的掌握情况	
9		5. 不清楚导杆钢爪作业风险的防控措施，导致人员伤害	15	3	1	45	四级	对照口袋卡和作业任务中存在的风险，手指口述逐项进行提示提醒并落实安全措施	

续表

序号	主要操作步骤	存在的风险	风险等级分析					主要防控措施	备注
			后果	暴露	可能性	风险值	风险等级		
10	检查设备及工器具	1. 扫把有缺陷，导致人员伤害	25	2	0.5	25	四级	作业前严格检查扫把的完好性，若有缺陷，应及时更换	
11		2. 铁勺有缺陷，导致作业人员受到灼烫、划伤、砸伤、扭伤等伤害	25	2	0.5	25	四级	作业前检查铁勺是否完好，若有缺陷，严禁使用并进行更换	
12		3. 未检查设备，导致人员伤害、设备损坏	25	2	0.5	25	四级	严格检查设备的急停按钮是否有效，各管路是否有渗漏，如有缺陷，应及时停机并报修处理	
13		4. 校直开焊导杆时，导杆钢爪崩断，造成人员伤害	25	2	0.5	25	四级	校直导杆和钢爪前严格挑选没有开焊的导杆，开焊的和断裂的应排出下线，不得上机校直	
14	导杆及钢爪校直	1. 人员站位不当，误与高温导杆、钢爪接触，导致灼烫伤害	50	2	0.5	50	四级	操作人员经培训后上岗，设备加热校直过程中严禁人员靠近，人员站在安全位置进行操作	
15		2. 导杆校直过程中导杆、钢爪掉落、脱落，烫伤、砸伤周围人员	50	2	0.5	50	四级	有无关人员靠近时立即停止作业，询问并警示其离开	
16		3. 与叉车配合作业，不安全站位易导致车辆伤害	50	2	0.5	50	四级	确保人员站位安全、可靠，与叉车配合到位	
17		4. 叉车叉放不稳，导致阳极倾倒跌落，造成人员伤害	50	2	0.5	50	四级	指挥叉车将阴极放置平稳，在叉车撤离后再进行校直操作	
18		5. 人员误操作，导致设备损坏或油缸将阳极顶移位，造成阳极掉落伤人	50	2	0.5	50	四级	操作人员经培训后上岗，人员站在安全距离操作设备，如遇紧急情况，立即按下急停按钮停机	

续表

序号	主要操作步骤	存在的风险	风险等级分析					主要防控措施	备注
			后果	暴露	可能性	风险值	风险等级		
19	工完场清	1. 未关闭设备，附件未归位，导致人员碰伤、触电或损坏设备	25	2	1	50	四级	设备使用完毕后归位各附件，并停电挂牌	
20		2. 清理现场卫生不全面，易导致人员摔绊、扎爆车辆轮胎	25	2	1	50	四级	清理卫生应全面细致，保证现场无碎渣遗留	
21		3. 铁勺未按定置摆放，导致人员摔倒、碰伤、烫伤	25	2	1	50	四级	对使用完毕的铁勺，应设置工器具架将其按定置摆放，切勿乱扔	
22		4. 清扫地面操作不当，造成人员伤害	25	2	1	50	四级	使用扫把清扫卫生时要小心、缓慢，避免伤人，使用完毕后按定置摆放	
23		5. 作业人员离开时强行穿越导杆悬链区，若导杆掉落，造成人员伤害	25	2	1	50	四级	离开作业现场时严禁穿越导杆悬链区，应走绿色通道	

表 3.5　堆垛天车操作作业安全风险辨识及防控措施一览表

序号	主要操作步骤	存在的风险	风险等级分析					主要防控措施	备注
			后果	暴露	可能性	风险值	风险等级		
1	作业前检查人员状态和劳动保护用品穿戴情况	1. 作业人员班前喝酒、身体不适、精神状态不好等，可能导致作业过程中注意力不集中，造成人员受伤	15	3	1	45	四级	作业前，作业负责人检查作业人员是否酒后上岗，询问是否身体不适，观察精神状态，确认良好后方可作业	
2		2. 未按规定着装（工作服、劳保鞋、安全帽、防尘口罩、防护面罩等），可能导致烫伤和职业健康危害	15	3	1	45	四级	作业前，确保工作服穿着做到“三紧”、劳保鞋鞋带系好、安全帽帽带系好，裤脚必须放置在靴子外侧，防护面罩严格放到位，如有破损，应及时更换	

续表

序号	主要操作步骤	存在的风险	风险等级分析					主要防控措施	备注
			后果	暴露	可能性	风险值	风险等级		
3	作业前风险辨识	1. 堆垛天车操作前不进行风险辨识就开展作业，易导致人员伤害	15	2	1	30	四级	作业前进行口袋卡宣读，现场手指口述进行风险辨识，所有人员都落实风险防控措施	
4		2. 不了解现场的风险隐患就直接工作，导致人员伤害、设备损坏	15	2	1	30	四级	辨识现场的不安全因素，在及时排除隐患后再作业	
5		3. 风险辨识不全面，遗漏作业风险项，员工盲目操作，易导致人身伤害	15	2	1	30	四级	要结合现场实际作业项完善风险辨识，每班班前会抽查员工掌握情况	
6		4. 不明确互联互保人员，作业中出现紧急状况，易导致人身伤害	15	2	1	30	四级	每日班会明确互联互保人员，并抽查	
7	检查天车并试车	1. 吊钩卡扣缺失，钢丝绳断裂，易造成物体坠落伤人	50	2	1	100	三级	严格检查吊钩卡扣及钢丝绳，检查是否有卡扣松动及钢丝绳弯折，如有，应及时停用并进行更换，确保安全使用	
8		2. 未检查天车制动系统或制动系统存在缺陷，在炭块转运过程中发生碰撞，导致设备损坏或人员受伤	50	6	0.1	30	四级	慢速行驶到达各限位，检查并确保其有效、可靠，认真检查天车制动系统，确保其可靠、有效	
9		3. 炭块夹具不到位，易造成炭块脱落伤人	50	6	0.1	30	四级	确认炭块各夹具限位有效、可靠，并反复实验，确认安全后开始作业	
10		4. 天车启动运行中未确认周围是否有人，易导致人员伤害	50	6	0.1	30	四级	确保天车行经路线无人，并在指定区域动车、鸣铃	

续表

序号	主要操作步骤	存在的风险	风险等级分析					主要防控措施	备注
			后果	暴露	可能性	风险值	风险等级		
11	吊起炭块至输送链上	1. 炭块脱落，造成人员砸伤	50	3	0.5	75	三级	确保人员站位安全、可靠，保证安全距离	
12		2. 吊运过程中速度过快，不能准确定位，造成设备损坏	15	3	1	45	四级	吊运过程中操作人员必须严格控制车速，在吊重物过程中采用一挡车速运行	
13		3. 炭块输送未停止就将炭块放置在输送链上，导致设备损坏、人员坠落伤害	15	3	1	45	四级	必须确认输送链停止运转并限位安全、可靠，且放置速度要缓慢平稳	
14	清理设备及输送链卫生	1. 粉尘过大，易导致人员患职业病	15	1	1	15	四级	作业前确保除尘设备运转正常，佩戴好防尘口罩及其他劳动保护用品	
15		2. 在作业环境不良、安全措施未到位情况下作业，易发生机械伤害等事故	15	3	1	45	四级	检查拉绳开关是否有效、正常，并停机断电，挂牌上锁，必须有专人监护清理卫生	
16		3. 清扫输送链卫生时，易造成挤压碰撞伤害	15	3	1	45	四级	清扫前必须进行断电、挂牌，并确认输送链拉绳开关断开	

表 3.6　石墨站作业安全风险辨识及防控措施一览表

序号	主要操作步骤	存在的风险	风险等级分析					主要防控措施	备注
			后果	暴露	可能性	风险值	风险等级		
1	作业前检查人员状态和劳动保护用品穿戴情况	1. 作业人员上岗前饮酒，精神状态不佳，可能导致作业中出现人员伤害事故	15	3	1	45	四级	每日班前会上班组长检查员工精神状态，并检查是否有酒后上岗人员，如有，及时劝退，严禁其进入操作岗位	
2		2. 不系安全帽下颏带，易发生人员砸伤、碰伤、擦伤	15	3	1	45	四级	规范佩戴安全帽，并系好下颏带	
3		3. 不佩戴防尘口罩，易导致人员患职业病	15	3	1	45	四级	规范佩戴防尘口罩	
4		4. 不拉拉链、不系纽扣，易造成碰伤、摔伤、烫伤	15	3	1	45	四级	规范穿着工作服，拉链拉到位	
5	作业前风险辨识	1. 未开展石墨站作业风险辨识，导致人员伤害	15	3	1	45	四级	每次石墨站作业前要进行风险辨识	
6		2. 未结合现场实际进行风险辨识，导致人员伤害	15	3	1	45	四级	风险辨识要结合现场实际，根据工作环境的变化完善辨识内容	
7		3. 风险辨识有遗漏，导致人员伤害	15	3	1	45	四级	风险辨识要结合现场实际，根据工作环境的变化完善辨识内容	
8		4. 未明确作业负责人，未确定互联互保人员，导致人员伤害	15	3	1	45	四级	指定作业负责人和互联互保人员	
9		5. 不掌握作业时的风险，不知道作业风险的防控措施，导致人员伤害	15	3	1	45	四级	对照口袋卡和作业任务中存在的风险，手指口述逐项进行提示提醒并落实安全措施	

续表

序号	主要操作步骤	存在的风险	风险等级分析					主要防控措施	备注
			后果	暴露	可能性	风险值	风险等级		
10	检查工器具及设备	1. 扫把有缺陷，导致人员伤害	25	2	0.5	25	四级	作业前严格检查扫把的完好性，如有缺陷，应及时更换	
11		2. 导杆有缺陷，导致人员伤害	25	2	0.5	25	四级	上岗前检查导杆是否完好，如有缺陷，严禁使用并进行更换	
12		3. 未检查设备，导致人员伤害、设备损坏	25	2	0.5	25	四级	严格检查设备的急停按钮是否有效，各管路是否有渗漏，如有缺陷，应及时停机并报修处理	
13	开始蘸石墨	1. 导杆有缺陷，造成人员伤害	15	6	0.5	45	四级	钢爪涂刷石墨前，严格挑选没有开焊的钢爪进行涂石墨作业，将开焊的和断裂的钢爪下线，不得涂刷	
14		2. 人员误操作，导致设备损坏、人员砸伤	15	6	0.5	45	四级	操作人员经培训后上岗，设备涂刷石墨过程中严禁人员靠近，人员站在安全位置进行操作	
15		3. 无关人员靠近，导杆掉落，导致人员砸伤	15	6	0.5	45	四级	有无关人员靠近时立即停止作业，询问并警示其离开	
16	工完场清	1. 未关闭设备，附件未归位，导致人员碰伤、触电或损坏设备	15	1	3	45	四级	设备使用完毕后，各附件归位，并停电挂牌	
17		2. 清理现场卫生不全面，易导致人员摔绊、扎爆车辆轮胎	15	1	3	45	四级	清理卫生应全面细致，保证现场无碎渣遗留	

续表

序号	主要操作步骤	存在的风险	风险等级分析					主要防控措施	备注
			后果	暴露	可能性	风险值	风险等级		
18	工完场清	3. 铁钩未按定置摆放，可能导致人员摔倒、碰伤、烫伤	15	1	3	45	四级	对使用完毕的铁钩，应设置工器具架将其按定置摆放，切勿乱扔	
19		4. 清扫地面操作不当，造成人员伤害	15	1	3	45	四级	使用扫把清扫地面时要小心缓慢，避免伤人，使用完毕后按定置摆放	
20		5. 作业人员离开时强行穿越导杆悬链区，若导杆掉落，造成人员伤害	15	1	3	45	四级	离开作业现场时严禁穿越导杆悬链区，应走绿色通道	

表 3.7 中频炉作业安全风险辨识及防控措施一览表

序号	主要操作步骤	存在的风险	风险等级分析					主要防控措施	备注
			后果	暴露	可能性	风险值	风险等级		
1	作业前检查人员状态和劳动保护用品穿戴情况	1. 作业人员上岗前饮酒，精神状态不佳，可能导致作业中出现伤害事故	15	3	1	45	四级	每日班前会上班组长检查员工精神状态，并检查是否有酒后上岗人员，如有，应及时劝退，严禁其进入操作岗位	
2		2. 不系安全帽带，易发生人员砸伤、碰伤、擦伤	15	3	1	45	四级	规范佩戴安全帽，并系好下颏带	
3		3. 防护面罩未佩戴或未放到位，易被溅出的铁水或铁渣烫伤	15	3	1	45	四级	防护面罩放到位后再作业	
4		4. 不佩戴防尘口罩，易导致人员患职业病	15	3	1	45	四级	规范佩戴防尘口罩	
5		5. 不拉拉链、不系纽扣，易造成碰伤、摔伤、烫伤	15	3	1	45	四级	规范穿着工作服，拉链拉到位，系好领口、袖口下摆	

续表

序号	主要操作步骤	存在的风险	风险等级分析					主要防控措施	备注
			后果	暴露	可能性	风险值	风险等级		
6	作业前风险辨识	1. 未开展熔炼作业风险辨识，导致人员伤害	15	3	1	45	四级	每次熔炼作业前要进行风险辨识	
7		2. 未结合现场实际进行风险辨识，导致人员伤害	15	3	1	45	四级	风险辨识要结合现场实际，根据工作环境的变化完善辨识内容	
8		3. 风险辨识有遗漏，导致人员伤害	15	3	1	45	四级	指定作业负责人和互联互保人员	
9		4. 未明确作业负责人，未确定互联互保人员，导致人员伤害	15	3	1	45	四级	抽查熔炼作业人员对存在的风险和相关防控措施的掌握情况	
10		5. 未掌握作业时的风险，导致人员伤害	15	3	1	45	四级	对照口袋卡和作业任务中存在的风险，手指口述逐项进行提示提醒并落实安全措施	
11		6. 不知道熔炼作业风险的防控措施，导致人员伤害	15	3	1	45	四级	必须随身携带口袋卡及安全规程和操作规程，作业前必须手指口述	
12	检查工器具	1. 吊具、刁斗、渣铲、渣瓢等工器具、设备设施有缺陷，易发生人员划伤、烫伤	1	10	1	10	四级	作业前认真检查渣铲是否有缺陷、是否焊接牢固、有无焊接毛刺，如有缺陷，应及时更换或维修	
13		2. 铁锹有缺陷或故障，易导致人员烫伤	1	10	1	10	四级	检查铁锹是否有缺陷、连接部位是否固定，防止锹头掉落	
14		3. 扫把有缺陷，易致人员烧伤	1	10	1	10	四级	作业前检查扫把是否完好可靠，如有缺陷，应及时更换	
15		4. 测温枪出现故障，温度检测不准，对设备高温未及时采取措施，造成事故	1	10	1	10	四级	作业前检查测温枪是否准确有效，保证测温数据正常，如有误差，应及时上报更换	
16	作业前断电	1. 作业前未断电调零，人员操作时易发生触电事故	15	10	0.1	15	四级	停电时，必须由专人操作，确认频率归零	
17		2. 停电操作作业时未站在安全位置，可能造成触电事故	15	10	0.1	15	四级	站位必须安全、可靠，并站到指定位置绝缘胶皮上	

续表

序号	主要操作步骤	存在的风险	风险等级分析					主要防控措施	备注
			后果	暴露	可能性	风险值	风险等级		
18	启动天车	1. 无关人员从下方经过，如发生意外，吸盘从上方坠下，将造成严重后果（观察作业区域）	50	1	0.1	5	四级	天车启动前鸣铃，确认周围是否有人，若有人，应警示其不允许通过或逗留	
19		2. 天车与吸盘位置倾斜，直接启动天车导致吸盘摆动，造成人员碰伤或设备损坏	50	1	0.1	5	四级	起吊吸盘前，确认天车与吸盘垂直，操作人员站在 5 m 以外的安全距离操作	
20		3. 重心偏移起吊，吸盘受力偏移撞坏设备，发生起重伤害	50	1	0.1	5	四级	启动前移动天车，保证天车与吸盘垂直，且人员在 5 m 安全距离外操作	
21		4. 不平稳运行，磷铁摆动掉落，易发生人员、设备事故	50	1	0.1	5	四级	天车运行时按照固定运行轨迹行进，切勿大幅摆动，掌控好吸盘摆动幅度	
22	检查物料、加料	1. 推拉炉盖时身体靠近炉盖，万向轮碾压脚部造成挤压	1	10	1	10	四级	严禁站至炉盖转动范围内进行操作，人员在作业前必须确认脚下无异物，站立平稳	
23		2. 未使用工器具移动炉盖，易造成划伤、烫伤	1	10	1	10	四级	人员必须借助工器具操作炉盖使之转动	
24		3. 未确认物料是否潮湿就直接加入，易发生爆炸	1	10	1	10	四级	检查物料是否干燥，加入前应先将其放置在炉台上进行预热	
25		4. 添加物料时人员未撤离至 3 m 以外的安全距离或添加高度超过 50 cm，物料掉入熔液中溅出铁水，导致人员烫伤	1	10	1	10	四级	添加物料时，应确保添加高度低于 50 cm（贴近炉口），操作人员站在 3 m 以外的安全距离，放下防护面罩	
26		5. 吊运磷铁从人员或设备上方经过时，设备发生故障，导致被吊运物品从上方掉落，造成人员砸伤或设备损坏	1	10	1	10	四级	磷铁吊运作业前应鸣铃警示，拉设警示护栏禁止人员通行，确认吊运通道无人员或设备后方可进行吊装作业	

续表

序号	主要操作步骤	存在的风险	风险等级分析					主要防控措施	备注
			后果	暴露	可能性	风险值	风险等级		
27	打渣	1. 工器具未预热或预热不充分就直接用于打渣，易发生铁水受潮爆炸，导致人员烫伤	15	10	0.1	15	四级	打渣作业前先充分预热工器具	
28		2. 打渣时防护面罩未放下，发生铁水飞溅时易造成人员烫伤	15	10	0.1	15	四级	打渣作业时正确穿戴齐全劳动保护用品，放下防护面罩，站位可靠，动作要平稳，避免铁水或铁渣溅出伤人	
29		3. 高温工作导致人员中暑及烫伤	15	10	0.1	15	四级	班长监护员工身体状况，及时配合替换	
30	巡检设备	1. 有缺陷的设备运行，易发生机械伤害等事故	25	2	0.5	25	四级	日常巡视设备有无漏水、打火、缺损等现象，如有，应及时停炉维护	
31		2. 应急物资有缺陷，导致发生重大事件	25	2	0.5	25	四级	（1）改造炉前应急沙坑，底部加装钢板，杜绝沙子“返潮”现象 （2）应急物资定置存放，每周点检，班班交接	
32		3. 炉体有渗漏未发现，造成火灾、触电等重大事故	25	2	0.5	25	四级	重点部位增加联锁报警装置，增加摄像头进行回放，每小时检查设备各部位管路、油路有无渗漏，如有，应及时停炉处理	
33		4. 炉体发生打火，易击穿设备附件，造成漏炉等事故	25	2	0.5	25	四级	每小时点检设备，发生打火时第一时间关闭主电源，进行停机处理	

续表

序号	主要操作步骤	存在的风险	风险等级分析					主要防控措施	备注
			后果	暴露	可能性	风险值	风险等级		
34	巡检设备	5. 电源柜发生故障，易造成线路烧损	25	2	0.5	25	四级	对电源柜进行检查，有冒烟、短路打火、显示异常时立即停机报修处理，禁止徒手触碰设备及进行点检	
35		6. 循环水泵室设备异常，导致炉体供水压力不足、高温损坏线圈绝缘	25	2	0.5	25	四级	对循环水泵室进行巡检，并如实做好记录，有异常时及时报修处理	
36		7. 人员巡视检查设备站位不当，导致触电事故	25	2	0.5	25	四级	人员测温巡检时应站在安全距离，如有问题，应断电后进行细致检查，并对钢排母线进行隔离	
37	出铁水	1. 浇包未到位，铁水外流烫坏设备	25	10	0.1	25	四级	熔炼工与天车工相互配合，保证倾倒铁水前包口对准炉口，确认双方人员站位安全后再进行操作	
38		2. 双方操作人员站位不当，导致烫伤	25	10	0.1	25	四级	待人员撤至安全区域后再进行升炉体操作	
39		3. 浇包潮湿、浇包温度低，可能导致铁水爆炸伤人	25	10	0.1	25	四级	浇包要预热，避免铁水爆炸飞溅	
40		4. 炉口形状不规范，导致倒铁水时铁水飞溅，造成人员伤害	25	10	0.1	25	四级	每班对炉口进行维护修复，避免铁水飞溅	

续表

序号	主要操作步骤	存在的风险	风险等级分析					主要防控措施	备注
			后果	暴露	可能性	风险值	风险等级		
41	液压站泄压炉台回位并送电	1. 炉底室有人，泄压易伤人	25	10	0.1	25	四级	炉体下降前，核实炉底室是否有人员逗留，待人员撤至安全区域后再进行降炉体操作	
42		2. 炉体泄压压坏水冷电缆等管路，造成设备损坏	25	10	0.1	25	四级	炉台回位前，观察是否有管路及线路位置不正确，互联互保人员相互配合回位	
43		3. 一次送电到高位，易烧坏设备或致漏炉	25	10	0.1	25	四级	送电时由专人操作，由低到高缓慢送电，不得一次送电到高位	
44	置换软水	1. 使用有缺陷的线缆，人员易发生触电	15	2	0.5	15	四级	检查水泵的各部位绝缘是否良好有效，避免漏电伤人	
45		2. 设备短路烧损，易造成触电伤害	15	2	0.5	15	四级	做好水泵的日常维护保养，避免内部短路	
46		3. 操作人员私自接电，易造成触电伤害	15	2	0.5	15	四级	接电工作由专业电工操作，不可擅自接电	
47		4. 因水管压力过大造成水管摆动，导致人员伤害	15	2	0.5	15	四级	人员站位必须安全，并固定水口，防止水管摆动	
48	修筑中频炉并烘炉	1. 人员操作不当，风镐摆动易致人员受伤	25	2	0.5	25	四级	使用风镐时抓稳站好，确保操作人员站位安全，拆除上部炉衬时应系挂安全带	
49		2. 倾倒炉料时，作业人员易跌落摔伤	25	2	0.5	25	四级	倒炉料时，人员正确系挂安全带，确保站位安全	
50		3. 炉底室有人，炉体泄压易伤人	25	2	0.5	25	四级	炉体下降前，核实炉底室是否有人员逗留，待人员撤至安全区域后再进行降炉体操作	

续表

序号	主要操作步骤	存在的风险	风险等级分析					主要防控措施	备注
			后果	暴露	可能性	风险值	风险等级		
51	修筑中频炉并烘炉	4. 炉体泄压压坏水冷电缆等管路，造成设备损坏	25	2	0.5	25	四级	炉台回位前，观察是否有管路及线路位置不正确，互联互保人员相互配合回位	
52		5. 吊运大包物料时包装袋有破损或吊具有缺陷，物料漏出，易砸伤人员	25	2	0.5	25	四级	作业前确认包装袋是否完好	
53		6. 吊运大包物料时从人或设备上方经过，如发生意外，被吊运物品从上方掉落，造成严重后果	25	2	0.5	25	四级	吊运大包物料时，天车应鸣铃警示，清离周围人员，任何人员不得在下方逗留经过，且操作人员距离被吊运物品应保持5 m以上的安全距离	
54		7. 人员站位不当，易摔伤	25	2	0.5	25	四级	确保修炉人员站位得当，互联互保人员监护到位	
55		8. 坩埚尺寸不合格，导致筑人炉衬不均	25	2	0.5	25	四级	坩埚上炉前，检查坩埚尺寸是否合格	
56		9. 坩埚表面有损坏，焊缝不均，导致筑人炉衬不均	25	2	0.5	25	四级	检查各焊口是否平整，若不合格，应及时更换	
57		10. 加入磷铁时动作太大，人员易被砸伤、挤伤	25	2	0.5	25	四级	加入磷铁时要小心缓慢，避免伤害事故	

续表

序号	主要操作步骤	存在的风险	风险等级分析					主要防控措施	备注
			后果	暴露	可能性	风险值	风险等级		
58	修筑中频炉并烘炉	11. 人员观察不到位，导致炉内出现蓬料，严重的可导致漏炉	25	2	0.5	25	四级	安排人员按时巡视，保证炉内不积蓬料	
59	清理现场	1. 用完的渣铲未按定置摆放，易造成人员摔绊、烫伤	15	1	1	15	四级	使用完毕的渣铲按定置摆放，摆放方向应符合“左热右凉”，避免人员烫伤	
60		2. 使用铁锹清理铁渣时操作不当，导致人员烫伤	15	1	1	15	四级	使用铁锹时应小心缓慢，防止人员烫伤，清理熔渣时保证站位安全，使用完毕后将其放于工具柜内并摆放整齐	
61		3. 使用扫把清理热渣时，易导致扫把被点燃，造成火灾	15	1	1	15	四级	使用扫把清理热渣时，应待热渣冷却后再清扫，防止过热发生火灾，造成人员烧伤，使用完毕后将其放于工具柜内并摆放整齐	
62		4. 清理炉底室、配电室、电熔室等卫生，容易造成人员触电	15	1	1	15	四级	清扫配电室、电熔室、炉底室等卫生前，应先断开主电源，并上锁挂牌，由专人监护，避免触电	
63		5. 设备停用后未断电，造成人员触电	15	1	1	15	四级	作业完毕后，及时断开设备电源，并将功率调零	

表 3.8　中频炉应急作业安全风险辨识及防控措施一览表

序号	主要操作步骤	存在的风险	风险等级分析					主要防控措施	备注
			后果	暴露	可能性	风险值	风险等级		
1	遇中频炉停水停电，使用对讲机或电话，通知当班班长	1. 未及时通知当班班长，当班班长未上报调度及值班领导，未做各方应急协调工作，可能造成更大事故	25	2	0.5	25	四级	若发生停电停水，应第一时间通知当班班长，由当班班长通知调度及值班领导，协调各方启动应急预案，另一名互联互保人员同时进行下一步操作	
2	操作工关闭主电源、在用水泵、循环水出水阀	1. 停电时未断开主电源，人员操作时电力突然恢复，或停水未停电，操作工直接操作设备，易发生触电事故	100	2	1	200	二级	当发生停电停水时，应先立即断开主电源，再进行下一步操作，防止触电	
3		2. 不及时关闭在用泵或错误关闭出水阀，造成事故	100	2	1	200	二级	及时关闭在用泵，针对各阀门设置数字标识，避免错误关闭出水阀	
4		3. 水压不足，炉体高温破坏线圈绝缘，易发生触电事故	100	2	1	200	二级	立即关闭在用水泵，及时启动应急泵，保证炉体水压	
5	开启应急柴油水泵上水阀	1. 未开启应急柴油水泵上水阀，导致中频炉水压不足	50	2	0.5	50	四级	开启应急柴油水泵上水阀，确保循环水进入炉体	
6		2. 上水阀管路关闭错误，导致事故	50	2	0.5	50	四级	针对各管路阀门设置数字标识，避免错误关闭上水阀	
7	开启上水阀后启动应急柴油水泵	1. 应急柴油水泵油位低，电瓶电量不足，不能正常启动	50	2	0.5	50	四级	柴油水泵用油应定期补充，电瓶电量应每班检查，若发现不足，及时充电	
8		2. 应急柴油水泵附件损坏，不能正常启动	50	2	0.5	50	四级	定期对柴油水泵进行检查维护，有缺陷的，应及时处理	

续表

序号	主要操作步骤	存在的风险	风险等级分析					主要防控措施	备注
			后果	暴露	可能性	风险值	风险等级		
9	观察在用炉炉体水压，及时调整适当水压	1. 水压供给不足，炉温升高，导致线圈绝缘易损坏	50	2	0.5	50	四级	调整水压，如压力不够，关闭其他备用炉进水阀以便给在用炉补压	
10		2. 因压力过高造成管路崩开，导致线圈失压，高温烧坏绝缘	50	2	0.5	50	四级	如炉体进水压力过高，及时通知另一名员工降低柴油水泵转速，减小炉体进水压力	
11		3. 人员检测炉温及炉压时未站在安全位置，易受伤害	25	2	0.5	25	四级	操作人员应站在安全位置检测炉体温度及压力	
12	中频炉漏炉应急处置	1. 未及时通知当班班长，当班班长未上报调度及值班领导，未做各方应急协调工作，可能造成更大事故	50	2	0.5	50	四级	若发生漏炉，应第一时间通知当班班长，由当班班长通知调度及值班领导，协调各方启动应急预案，另一名互联互保人员同时进行下一步操作	
13	另一名互联互保人员切断主电源	1. 发生漏炉，未及时切断主电源，导致持续升温，漏炉漏点扩大	50	2	0.5	50	四级	当发现漏炉状况时应立即切断主电源，停止炉体升温	
14	一人在安全距离判断漏炉情况	1. 漏炉事故发生后，人员盲目进入漏炉危险区域观察漏炉情况，导致灼烫等伤害	100	2	1	200	二级	当发生漏炉时，人员应站在安全站位观察情况，不可随意靠近	
15		2. 未判断漏炉情况是否严重，逃离现场，导致设备损坏	100	2	1	200	二级	在发现漏炉情况后，若判断事态可控，应根据漏点判断是否要倒出铁水，使漏点暴露	
16		3. 泄漏严重，发生爆炸，逃离不及时，导致人员死亡	100	2	1	200	一级	如遇漏点不可控制，危及现场人员的生命安全，当班人员应及时果断疏散其他人员	

续表

序号	主要操作步骤	存在的风险	风险等级分析					主要防控措施	备注
			后果	暴露	可能性	风险值	风险等级		
17	关闭漏炉炉体进回水阀	1. 未关闭或错误关闭进回水阀，导致爆炸	50	2	0.5	50	四级	针对各阀门设置数字标识，避免错误关闭水阀	
18		2. 水流入炉体易发生爆炸，从而导致人员伤害、设备损坏	50	2	0.5	50	四级	立即关闭进回水阀，避免水进入炉体	
19	将漏炉炉内铁水倒入应急沙坑	1. 沙坑潮湿，倒入高温铁水后易发生爆炸	50	2	0.5	50	四级	沙坑保持干燥，不得潮湿、有积水	
20		2. 日常点检不到位，坑内有杂物，易发生其他事故	50	2	0.5	50	四级	每班互相交接，点检到位，沙坑内禁止有杂物，沙坑不得潮湿、有积水	
21	打开漏炉炉体进回水阀	1. 未打开阀门或错误操作，导致线圈绝缘损坏	50	2	0.5	50	四级	针对各阀门设置数字标识，避免错误关闭水阀	
22		2. 循环水进不了炉体，炉内温度升高，导致线圈绝缘烧损	5	1	1	5	四级	及时开启水阀供水，将空炉降温，保证线圈绝缘不被烧坏	
23	清理现场	1. 工器具未清理，导致人员摔绊、碰伤	5	1	1	5	四级	应急处置完毕后清理现场工器具，将其按定置摆放于应急柜中，清理现场卫生，做到干净无遗留	

表 3.9 浇铸作业安全风险辨识及防控措施一览表

序号	主要操作步骤	存在的风险	风险等级分析					主要防控措施	备注
			后果	暴露	可能性	风险值	风险等级		
1	作业前检查人员状态和劳动保护用品穿戴情况	1. 作业人员班前喝酒、身体不适、精神状态不好等，可能导致作业过程中注意力不集中，造成人员伤害	15	10	0.1	15	四级	作业前，作业负责人检查作业人员是否酒后上岗，询问是否身体不适，观察精神状态，确认良好后方可作业	
2		2. 未按规定着装（工作服、劳保鞋、安全帽、防尘口罩、防护面罩等），可能导致烫伤和职业健康危害	15	10	0.1	15	四级	作业前，确保工作服穿着做到“三紧”、劳保鞋鞋带系好、安全帽下颏带系好，裤脚必须放置在靴子外侧，防护面罩严格放到位，如有破损，应及时更换	
3	作业前风险辨识	1. 未开展浇铸作业风险辨识，导致人员伤害	15	10	0.1	15	四级	每次浇铸作业前要进行风险辨识	
4		2. 风险辨识有遗漏，未结合现场实际进行风险辨识，导致人员伤害	15	10	0.1	15	四级	风险辨识要结合现场实际，根据工作环境的变化完善辨识内容	
5		3. 未明确作业负责人，未确定互联互保人员，导致人员伤害	15	10	0.1	15	四级	指定作业负责人和互联互保人员	
6		4. 未掌握作业时的风险，导致人员伤害	15	10	0.1	15	四级	抽查浇铸作业人员对存在的风险和相关防控措施的掌握情况	
7		5. 不知道浇铸作业风险的防控措施，导致人员伤害	15	10	0.1	15	四级	对照口袋卡和作业任务中存在的风险，手指口述逐项进行提示提醒并落实安全措施	

续表

序号	主要操作步骤	存在的风险	风险等级分析					主要防控措施	备注
			后果	暴露	可能性	风险值	风险等级		
8	检查浇铸包	1. 未检查浇铸包外部是否有孔洞、缝隙，包衬是否有裂纹、坑、洞，包梁、包耳、立柱、摇轮等是否有裂纹或其他不安全的缺陷	25	6	0.1	15	四级	（1）作业前必须检查浇铸包外部是否有孔洞、缝隙，包衬是否有裂纹、坑、洞，包梁、包耳、立柱、摇轮等是否有裂纹或其他不安全的缺陷 （2）制作浇铸包包梁防护罩，保护包梁及包耳	
9		2. 擅自改变浇铸包内衬厚度及其他尺寸，导致浇铸包漏包、铁水泄漏，伤及设备或人员	25	6	0.1	15	四级	严禁自行改造，在每次使用浇铸包前应进行一次点检，并做好相关记录	
10		3. 未按期修复浇铸包，导致漏包事故	25	6	0.1	15	四级	浇铸包使用周期内每半个月进行一次中修，每一个月进行一次大修，每班每包只准许连续使用两次，降温 1 h 后方可再次进行使用	
11		4. 发现浇铸包包壁发红或浇铸包漏包未采取应急措施，造成人员烫伤及设备损坏	25	6	0.1	15	四级	（1）若发现浇铸包包壁有发红迹象，应立即停止使用，同时将铁水倒入应急沙坑 （2）发生漏包后，人员立即撤离至 5 m 以外的有效安全距离，同时迅速将浇铸包吊入应急沙坑 （3）发生浇铸包坠落，人员立即撤离至 5 m 以外的有效安全距离 （4）发生人员烫伤，使用水或灭火器进行灭火 （5）烫伤后严禁扯下身上衣服，应立即用温水降温后再将衣物去除，并持续降温 30 min	
12	点检电葫芦	1. 使用前未对天车钢丝绳、钩头卡扣、重锤限位、下限位、遥控器进行详细点检，易发生坠落打击事故	25	6	0.1	15	四级	作业前必须检查电葫芦的安全、可靠性并对钢丝绳、钩头卡扣、重锤限位、下限位等安全附件进行详细点检，若发现问题，应及时停用并通知检修部门开具工作票处理	

续表

序号	主要操作步骤	存在的风险	风险等级分析					主要防控措施	备注
			后果	暴露	可能性	风险值	风险等级		
13	点检电葫芦	2. 人员在点检动车过程中站位不当，造成碰撞事故	25	6	0.1	15	四级	点检动车时，人员与动车必须保持 5 m 以上的有效安全距离，并确保运行范围内无人员通过	
14		3. 天车遥控器有缺陷，在设备运行时易发生机械伤害等事故	25	6	0.1	15	四级	清理天车运行范围内的人员，进行空载试车测试遥控器的灵敏度及准确度，并确认天车声光报警正常	
15		4. 安全附件不完善的设备运行时，易发生机械伤害等事故	25	6	0.1	15	四级	确保日常点检工作完整有效，定期维护各附件，润滑及防护到位，如发现安全附件存在问题，应第一时间停用并通知检修部门开具工作票处理	
16		5. 人员从天车附近通过，如发生意外，被吊运物品从上方掉落，造成人员砸伤	25	6	0.1	15	四级	动车前必须鸣铃警示行人，让周围人员知晓天车要运行，并且在运行过程中确保一直鸣铃	
17	空车运转设备	1. 设备未进行空载运转，各设备运行情况无法确认，开始作业后易造成误操作，发生机械伤害	25	6	0.1	15	四级	作业前检查设备各部件的可靠性，并检查操作台各按钮是否有效、准确	
18		2. 设备空载运转前未确认是否有其他人员正在检查设备，易造成人员和机械伤害	50	6	0.1	30	四级	空载运转设备时确认作业范围内无其他人员，在与其他工位操作人员做好双方确认后再试车	
19		3. 人员从下方经过，如发生意外，被吊运物品从上方掉落，造成人员砸伤	25	6	0.1	15	四级	观察周围是否有人员，若有人，应警示其避让，确认安全后方可试车	

续表

序号	主要操作步骤	存在的风险	风险等级分析					主要防控措施	备注
			后果	暴露	可能性	风险值	风险等级		
20	吊运浇铸包接铁水至浇铸平台	1. 倒铁水时速度过快，导致铁水飞溅伤人	25	6	0.1	15	四级	倒铁水时要速度慢（浇铸工要时刻提醒），并且浇铸工与浇铸包保持5 m以上的安全距离	
21		2. 浇铸包潮湿，易发生爆炸现象	25	6	0.1	15	四级	在浇铸包使用前必须对浇铸包进行预热	
22		3. 将浇铸包吊运至中频炉接铁水时位置不准确，导致铁水飞溅伤人	25	6	0.1	15	四级	浇铸工必须不断调整浇铸包位置，待准确停靠在规定位置，且与中频炉操作工双方确认后，方可接铁水，避免铁水飞溅伤人	
23		4. 吊运浇铸包至浇铸平台时，人员未在距离浇铸平台5 m以上的安全距离处进行操作，存在浇铸天车故障或浇铸包损坏掉落的风险，造成平台操作人员烫伤或设备损坏	25	6	0.1	15	四级	（1）吊运浇铸包人员必须与浇铸包保持5 m以上的安全距离，并且吊运高度不得超过1 m （2）浇铸包跨越浇铸平台时，确认浇铸平台无其他作业人	
24	操作人员上浇铸平台	1. 操作人员上浇铸平台时易发生滑倒，导致人员受伤	25	6	0.1	15	四级	检查楼梯及浇铸平台的安全、可靠性，双手扶好扶手，要站在浇铸包西侧	
25		2. 尚未确认浇铸包是否平稳停靠，浇铸平台操作人员就提前站在浇铸平台上，导致碰伤、烫伤事故	25	6	0.1	15	四级	将浇铸包吊运至浇铸平台且平稳后，人员才可以上浇铸平台，且在吊运的过程中，人员必须确保站位安全、可靠，保证5 m以上的安全距离	
26		3. 未对浇铸平台进行点检就进行作业，易发生坠落摔伤事故	25	6	0.1	15	四级	作业前必须对浇铸平台的楼梯、扶手、护栏进行详细点检，确保无开焊破损，发现问题时应及时通知检修部门开具工作票处理	

续表

序号	主要操作步骤	存在的风险	风险等级分析					主要防控措施	备注
			后果	暴露	可能性	风险值	风险等级		
27	清理浇铸包铁水杂质	1. 铁渣子飞溅，易烫伤人员眼睛	25	6	0.1	15	四级	作业时必须将防护面罩放下，确保防护面罩清晰无破损	
28		2. 处理高温铁水杂质时未采取侧身站位，易造成人员烫伤	25	6	0.1	15	四级	人员站位要安全、可靠，确保侧身安全站位，将铁水杂质放置在指定位置	
29		3. 未利用打渣铲取出铁水杂质，易发生烫伤	25	6	0.1	15	四级	作业前检查所使用的打渣铲，确保其无开焊裂纹、无破损	
30	组合阳极导杆并浇铸	1. 导杆未准确放置在炭块炭碗中心位置，易发生炭块脱落及导杆偏离卡阻，造成人员受伤	25	6	0.1	15	四级	浇铸作业前必须将导杆的四个钢爪中心位置对准阳极炭块炭碗的四个中心位置，放置时应做到平稳不倾斜，人员在进行调整过程中，其站位要在安全防护栏以外，避免设备挤伤	
31		2. 排出导杆时，未使用工具，未停止运转的托辊，易出现导杆脱落	25	6	0.1	15	四级	停止正在运转的托辊，确保站位安全、可靠，站在防倒架外侧，利用铁叉将导杆推出	
32		3. 操作人员排出导杆时脚下没站稳，易发生人员伤害	25	6	0.1	15	四级	在进行外排导杆的过程中，人员站位要安全、可靠，确保脚下踏板无开焊破损且用力站稳	
33		4. 阳极炭块炭碗潮湿，高温铁水浇铸时发生爆炸或铁水飞溅，导致人员受伤	25	6	0.1	15	四级	(1) 组装导杆时，若发现有炭碗潮湿的炭块，应及时将其退出生产线 (2) 在浇铸铁水时应先少量倒入铁水预热一下炭碗，然后再逐步提高浇铸速度	
34		5. 浇铸过程中铁水倾倒过快，导致铁水外溢伤人	25	6	0.1	15	四级	浇铸工在将铁水倾倒入炭孔中时，要匀速倾倒并及时收包，确保铁水不外溢且浇铸成品圆润饱满	

续表

序号	主要操作步骤	存在的风险	风险等级分析					主要防控措施	备注
			后果	暴露	可能性	风险值	风险等级		
35	操作人员下浇铸平台	1. 下平台时未扶好扶手，易发生跌落、扭伤	25	6	0.1	15	四级	确认扶梯安全、可靠，下平台时双手扶好扶手	
36		2. 作业前未对护栏扶手及爬梯进行详细的点检，发生坠落事故	25	6	0.1	15	四级	作业前必须检查扶手、护栏、爬梯是否开焊，发现问题时应第一时间通知检修部门开具工作票处理	
37		3. 浇铸包未停稳就下浇铸平台，易发生浇铸包倾倒	25	6	0.1	15	四级	在确认好浇铸包停放至安全位置后，浇铸人员才下浇铸平台	
38	清理成品阳极表面铁渣	1. 清渣作业时未戴好防护面罩，飞溅的铁渣造成人员受伤	25	6	0.1	15	四级	清理作业时作业人员应正确佩戴劳动保护用品，做好眼部、腿部防护，确保防护面罩清晰可见	
39		2. 与叉车交叉作业，易发生碰撞事故	25	6	0.1	15	四级	(1) 与叉车配合叉运阳极时要做好双方确认，保证安全站位，避免碰上 (2) 将清理下的铁渣氧化皮及时清理干净，避免叉车碾压飞溅	
40		3. 使用有缺陷的工器具，易造成人员被飞溅的铁屑划伤、烫伤	25	6	0.1	15	四级	作业前要对使用的工器具进行检查，确认无开焊破损	
41	清扫设备及现场卫生	1. 未停机进行清扫，易发生机械伤害事故	1	10	0.5	5	四级	要先停机后清扫，确保急停按钮按下，应急拉线断开，全线断电，挂牌上锁	
42		2. 粉尘较大，易导致人员患职业病	1	10	0.5	5	四级	要确保除尘设备的正常使用且佩戴好防尘口罩	
43		3. 在导杆下方清扫，易发生打击伤害	1	10	0.5	5	四级	在确认悬链停止运行并站位安全、可靠后再进行清扫	

表 3.10　劈铁作业安全风险辨识及防控措施一览表

序号	主要操作步骤	存在的风险	风险等级分析					主要防控措施	备注
			后果	暴露	可能性	风险值	风险等级		
1	作业前检查人员状态和劳动保护用品穿戴情况	1. 劈铁作业人员上岗前饮酒，精神状态不佳，可能导致作业中出现伤害事故	25	6	0.1	15	四级	每日班前会上班组长检查人员精神状态，并检查是否有酒后上岗人员，如有，应及时劝退，严禁其进入操作岗位	
2		2. 不系安全帽下颏带，易发生人员砸伤、碰伤、擦伤	25	6	0.1	15	四级	规范佩戴安全帽，并系好下颏带	
3		3. 防护面罩未佩戴或未放到位，易被飞溅的铁渣打伤	25	6	0.1	15	四级	防护面罩放到位后再作业	
4		4. 不佩戴防尘口罩，易导致人员患职业病	25	6	0.1	15	四级	规范佩戴防尘口罩	
5		5. 不拉拉链、不系纽扣，易造成碰伤、摔伤、烫伤	25	6	0.1	15	四级	规范穿着工作服，拉链拉到位	
6	作业前风险辨识	1. 未开展劈铁作业风险辨识，导致人员伤害	25	6	0.1	15	四级	每次劈铁作业前要进行风险辨识	

续表

序号	主要操作步骤	存在的风险	风险等级分析					主要防控措施	备注
			后果	暴露	可能性	风险值	风险等级		
7	作业前风险辨识	2. 未结合现场实际进行风险辨识，导致人员伤害	25	6	0.1	15	四级	风险辨识要结合现场实际，根据工作环境的变化完善辨识内容	
8		3. 风险辨识有遗漏，导致人员伤害	25	6	0.1	15	四级	抽查劈铁作业人员对存在的风险和相关防控措施的掌握情况	
9		4. 未明确作业负责人，未确定互联互保人员，导致人员伤害	25	6	0.1	15	四级	抽查劈铁作业人员对存在的风险和相关防控措施的掌握情况	
10		5. 未掌握作业时的风险，导致人员伤害	25	6	0.1	15	四级	对照口袋卡和作业任务中存在的风险，手指口述逐项进行提示提醒并落实安全措施	
11		6. 不清楚劈铁作业风险的防控措施，导致人员伤害	25	6	0.1	15	四级	对照口袋卡和作业任务中存在的风险，手指口述逐项进行提示提醒并落实安全措施	
12	检查工器具	1. 使用有缺陷的大锤、手锤、扁铲，易导致人员被砸伤	25	6	0.1	15	四级	作业前检查大锤、手锤、扁铲是否完好，有缺陷的应及时更换，不得继续使用	
13		2. 使用有缺陷的铁锹，易导致人员伤害	25	6	0.1	15	四级	作业前检查铁锹，如易脱头，应及时更换或进行固定	
14		3. 扫把有缺陷，易造成人员伤害	25	6	0.1	15	四级	作业前检查扫把是否完好，有缺陷的应及时停用并更换	
15		4. 使用有缺陷的吊链、吊带、绳索，易导致导杆倾倒掉落，造成设备损害和人员伤害	25	6	0.1	15	四级	作业前严格检查各吊具是否完好有效，如有开焊、断裂等，应及时更换维修，各吊具不得“带病”作业	

续表

序号	主要操作步骤	存在的风险	风险等级分析					主要防控措施	备注
			后果	暴露	可能性	风险值	风险等级		
16	点检设备	1. 天车有缺陷、附件损坏，易导致设备损害和人员伤害	25	6	0.1	15	四级	作业前认真检查天车的各安全附件是否有效，并做好记录，确定无故障后再使用	
17		2. 无齿锯故障、锯片有缺陷，可能导致人员受伤	25	6	0.1	15	四级	使用无齿锯前检查锯片、防护罩是否完好，电源线是否裸露，如有故障，应及时停用报修	
18		3. 残极防倒架开焊或变形，在进行导杆摆放时易倾倒，发生打击事故	25	6	0.1	15	四级	应每班检查防倒架，若有缺陷或开焊等，应及时停用维修	
19	吊运、摆放导杆	1. 使用有缺陷的吊具进行导杆吊运，易发生物体打击事故	25	6	0.1	15	四级	(1) 作业前检查吊具是否完好，若有缺陷或损坏，应及时停止作业并进行更换 (2) 吊运导杆时人员不得帮扶行走，应保持安全距离	
20		2. 导杆开焊或断裂，发生导杆掉落，造成人员伤害	25	6	0.1	15	四级	每班对问题导杆进行分类排除，确保导杆无缺陷	
21		3. 摆放导杆不规整，易发生物体打击事故	25	6	0.1	15	四级	劈铁作业人员互相配合，导杆摆放应有序整齐，将已摆放就位的导杆进行约束固定	
22		4. 吊运导杆运行时有人员帮扶，易导致人员被掉落的导杆砸伤	25	6	0.1	15	四级	不准跟随导杆走，起吊高度应适当，不能用手扶	

续表

序号	主要操作步骤	存在的风险	风险等级分析					主要防控措施	备注
			后果	暴露	可能性	风险值	风险等级		
23	双人配合劈铁	1. 进行劈铁作业时双人配合不当，易发生物体打击事故	25	6	0.1	15	四级	劈铁作业人员配合得当，必须在围挡区内作业，人员站位安全，劳动保护用品穿戴齐全	
24		2. 无关人员靠近，飞溅铁屑易伤人	25	6	0.1	15	四级	有其他无关人员靠近时，必须立即停止作业	
25		3. 使用无齿锯时站位不当，锯片破碎飞出，导致人员伤害	25	6	0.1	15	四级	人员使用前试运行，检查锯片完好，切割时确保人员站位安全	
26	清理现场	1. 清扫卫生时未将天车、无齿锯停机和断电，易发生机械伤害或触电	15	6	0.1	9	四级	作业完毕后应立即切断所有设备电源，停放天车，将天车遥控器急停按钮闭锁，并将使用完的无齿锯归位	
27		2. 使用铁锹不当，易造成人员伤害	15	6	0.1	9	四级	合理使用铁锹，使用完毕后将其摆放于工器具架上	
28		3. 使用扫把不当，易造成人员伤害	15	6	0.1	9	四级	使用扫把得当，避免人员受伤	
29		4. 工器具遗留，造成人员摔绊、碰伤	15	6	0.1	9	四级	将使用完的工器具收回至工器具箱定置摆放整齐，并进行清点	
30		5. 现场未清扫干净，易导致人员扎伤、车辆轮胎破损	15	6	0.1	9	四级	清扫现场应全面细致，死角卫生应全部清理，避免遗留铁渣	

表 3.11 残极破碎作业安全风险辨识及防控措施一览表

序号	主要操作步骤	存在的风险	风险等级分析					主要防控措施	备注
			后果	暴露	可能性	风险值	风险等级		
1	作业前检查人员状态和劳动保护用品穿戴情况	1. 作业人员上岗前饮酒，精神状态不佳，身体出现不适状况，可能导致作业中出现伤害事故	15	3	0.5	22.5	四级	作业前作业负责人检查作业人员是否酒后上岗，询问是否身体不适，观察精神状态，确认良好后方可作业	
2		2. 未按规定着装，导致人员受到伤害	15	3	0.5	22.5	四级	作业前，确保工作服穿着做到“三紧”、劳保鞋鞋带系好、安全帽下颏带系好，裤脚必须放置在靴子外侧，防护面罩严格放到位，如有破损，应及时更换	
3	作业前风险辨识	1. 作业前未进行风险辨识就开展作业，易导致人员伤害	15	3	0.5	22.5	四级	作业前进行口袋卡宣读，现场手指口述进行风险辨识，所有人员都要落实风险防控措施	
4		2. 不了解现场风险隐患，导致人员伤害	15	3	0.5	22.5	四级	辨识现场的不安全因素，在及时排除隐患后再作业	
5		3. 风险辨识不全面，遗漏作业风险项，员工盲目操作，易导致人员伤害	15	3	0.5	22.5	四级	要结合现场实际作业项完善风险辨识，每班班前会抽查员工掌握情况	
6		4. 不明确互联互保责任人，作业出现紧急状况，易出现人员伤害	15	3	0.5	22.5	四级	每日班前会明确互联互保责任人，如有变动，应及时明确并抽查	

续表

序号	主要操作步骤	存在的风险	风险等级分析					主要防控措施	备注
			后果	暴露	可能性	风险值	风险等级		
7	检查确认	1. 现场未进行确认就启动设备，造成人身伤害	50	1	1	50	四级	启动前必须进行现场确认	
8	炭块码放	1. 码放的炭块掉落，导致人员伤害	50	1	0.5	25	四级	严禁堆垛超高，严禁堆放不规范	
9	用工艺车辆抱块	1. 车辆挤伤人员	50	1	0.5	25	四级	车辆鸣号提醒，注意避让车辆，人员与车辆保持安全距离	
10	破碎	1. 破碎时炭块溅出，造成人身伤害	5	1	1	5	四级	破碎时人员注意保持安全站位	
11	作业后清理现场	1. 人员清理斗提或处理皮带故障时卷人，导致人员伤害	50	2	1	100	三级	（1）作业时停机断电、挂牌上锁，使用安全照明 （2）必须有两人以上作业，至少有一人监护，作业时监护不离人 （3）劳动保护用品穿戴齐全	
12		2. 在下料口下部清理堵料，发生人员砸伤	15	3	1	45	四级	确保作业时有人监护，互联互保人员相互提醒，不得站在下料口下部清料	

表 3.12 抛丸机作业安全风险辨识及防控措施一览表

序号	主要操作步骤	存在的风险	风险等级分析					主要防控措施	备注
			后果	暴露	可能性	风险值	风险等级		
1	作业前检查人员状态和劳动保护用品穿戴情况	1. 作业人员上岗前饮酒，精神状态不佳，身体出现不适状况，可能导致作业中出现伤害事故	15	3	0.5	22.5	四级	作业前作业负责人检查作业人员是否酒后上岗，询问是否身体不适，观察精神状态，确认良好后方可作业	
2		2. 未按规定着装，导致人员受到伤害	15	3	0.5	22.5	四级	作业前，确保工作服穿着做到“三紧”、劳保鞋鞋带系好、安全帽下颏带系好，裤脚必须放置在靴子外侧，防护面罩严格放到位，如有破损，应及时更换	
3	作业前风险辨识	1. 作业前不进行风险辨识就开展作业，易导致人员伤害	15	3	0.5	22.5	四级	作业前进行口袋卡宣读，现场手指口述进行风险辨识，所有人员都要落实风险防控措施	
4		2. 不了解现场风险隐患，导致人员伤害	15	3	0.5	22.5	四级	辨识现场的不安全因素，在及时排除隐患后再作业	
5		3. 风险辨识不全面，遗漏作业风险项，员工盲目操作，易导致人员伤害	15	3	0.5	22.5	四级	要结合现场实际作业项完善风险辨识，每班班前会抽查员工掌握情况	
6		4. 不明确互联互保责任人，作业出现紧急状况，易出现人员伤害	15	3	0.5	22.5	四级	每日班前会明确互联互保责任人，如有变动，应及时明确并抽查	

续表

序号	主要操作步骤	存在的风险	风险等级分析					主要防控措施	备注
			后果	暴露	可能性	风险值	风险等级		
7	检查点检设备	1. 未进行设备点检，易造成设备故障，人员存在受伤风险	25	2	0.5	25	四级	（1）作业前对设备进行详细的检查，并及时处理问题，避免设备“带病”运行 （2）作业过程中出现故障时，做好现场防护，开工作票后停机断电，上锁挂牌检修	
8		2. 安全设施不完备，易造成人员伤害	25	2	0.5	25	四级	作业前检查安全设施的可靠性，操作台增加硬隔离，确保作业安全	
9		3. 试运行设备时未确认操作台按钮有效，易误操作，造成机械伤害	25	2	0.5	25	四级	点检操作台各按钮是否准确有效，并确认本人作业范围内无其他人员，本人站位安全、可靠	
10	残极进入	1. 出现导杆脱落，造成人员伤害	15	3	0.5	22.5	四级	确认本机设备的导杆防护架无开焊变形，处理卡阻时必须采用工器具，确保人员站位安全、可靠	
11		2. 导杆卡阻，导致晃动过大，造成人员伤害	15	3	0.5	22.5	四级	首先利用急停按钮使悬链停止运行，避免导杆晃动过大导致脱落，处理卡阻时必须采用工器具，确保人员站位安全、可靠	
12	抛丸清理	1. 防护门关闭不到位，导致钢砂飞溅	15	3	0.5	22.5	四级	首先利用急停按钮使抛丸机停止运转，手动操作使防护门关闭到位，站位要安全、可靠，确保安全距离	
13		2. 地面光滑且有钢砂，易造成人员滑倒	15	3	0.5	22.5	四级	及时清理地面钢砂，确保人员安全，时刻关注本岗位作业区域内有无其他人员进入	

续表

序号	主要操作步骤	存在的风险	风险等级分析					主要防控措施	备注
			后果	暴露	可能性	风险值	风险等级		
14	残极送出	1. 导杆卡阻，导致晃动过大，造成人员伤害	15	3	0.5	22.5	四级	首先利用急停按钮使悬链停止运行，避免导杆晃动过大导致脱落，手动操作使导杆缓慢送出，人员站位要安全、可靠，确保安全距离	
15	作业后清理现场	1. 未停机进行清扫，易发生机械伤害事故	5	1	1	5	四级	停机后，将急停按钮按下，将电源断开、挂牌上锁	
16		2. 粉尘较大，影响人员健康	5	1	1	5	四级	佩戴好防尘口罩，使用清扫车清扫	
17		3. 在导杆下方清扫，易发生导杆倾倒，致使人员受到打击	5	1	1	5	四级	确认悬链停止运行后作业	

3.2 设备检修

经辨识，设备检修主要的作业活动有19项，其岗位作业存在828项风险，其中辨识出一级风险0项、二级风险5项、三级风险70项、四级风险753项。

3.2.1 设备检修主要的作业活动/工作流程

①除尘器检修；②天车维检（A检修走轮，B检修卷扬机构，C检修电机及减速机，D各部位润滑，E检修天车电气，F天车焊接，G堆垛天车夹具更换，H设备卫生清理）；③一般机械检修；④一般电气检修；⑤悬链检修；⑥磷铁压脱机检修；⑦残极压脱机检修；⑧浇铸系统输送机检修；⑨斗式提升机检修；⑩装卸站检修；⑪滚轴筛检修；⑫皮带维检修；⑬清理机检修；⑭中频炉检修；⑮钢爪校直烘干机检修；⑯颚式破碎机检修；⑰抛丸机检修；⑱圆锥式破碎机检修；⑲天车滑线检修。

3.2.2 设备检修岗位安全风险辨识及防控措施

设备检修岗位安全风险辨识及防控措施见表3.13至表3.38。

表 3.13　除尘器检修作业安全风险辨识及防控措施一览表

序号	主要操作步骤	存在的风险	风险等级分析					主要防控措施	备注
			后果	暴露	可能性	风险值	风险等级		
1	作业前检查人员状态和劳动保护用品穿戴情况	1. 作业人员班前喝酒、身体不适、精神状态不好等，可能导致作业过程中注意力不集中	15	10	0.1	15	四级	作业前，作业负责人检查作业人员是否酒后上岗，询问身体是否不适，观察精神状态，确认良好后方可作业	
2		2. 未按规定着装（工作服、劳保鞋、安全帽、防尘口罩、防护面罩等），可能导致烫伤	15	10	0.1	15	四级	作业前，确保工作服穿着做到“三紧”、劳保鞋鞋带系好、安全帽下颏带系好、防尘口罩戴好	
3	作业前风险辨识	1. 未开展风险辨识，导致人员伤害	15	10	0.1	15	四级	每次作业前要开具检修维护工作票并进行风险辨识	
4		2. 未结合现场实际进行风险辨识，导致人员伤害	15	10	0.1	15	四级	风险辨识要结合现场实际，禁止极端天气对室外除尘器进行检修	
5		3. 风险辨识有遗漏，导致人员伤害	15	10	0.1	15	四级	根据工作环境的变化完善辨识内容	
6		4. 未明确作业责任人，未确定互联互保人员，导致人员伤害	15	10	0.1	15	四级	指定作业负责人和互联互保人员	
7		5. 未掌握作业时的风险，导致人员伤害	15	10	0.1	15	四级	抽查作业人员对存在的风险和相关防控措施的掌握情况	
8		6. 不清楚风险的防控措施，导致人员伤害	15	10	0.1	15	四级	对照口袋卡及作业任务中存在的风险手指口述逐项进行提示提醒	
9		7. 未和生产单位联系，未进行停机确认，导致人员伤害	15	10	0.1	15	四级	及时联系生产单位，对讲机保持畅通，停机挂牌上锁，切断能量介质，设专人监护	

续表

序号	主要操作步骤	存在的风险	风险等级分析					主要防控措施	备注
			后果	暴露	可能性	风险值	风险等级		
10	检查工器具	1. 使用有缺陷的工器具，易导致作业人员受到磕碰、打击、挤压等伤害	25	2	0.5	25	四级	作业前检查钳子、扳手、改锥、手锤是否安全、可靠，及时更换不合格工器具	
11		2. 使用有缺陷的吊带、手拉葫芦，易发生被吊运物品的跌落，砸伤周围作业人员	25	2	0.5	25	四级	作业前检查吊带、手拉葫芦是否破损、断股及其承受吨位，不合格的应及时更换，起拉过程中人员应撤离	
12		3. 使用有缺陷的撬棍、液压拉马、千斤顶，使用过程中易发生工器具故障，造成人员磕碰	25	2	0.5	25	四级	作业前检查工器具是否变形、开裂，液压失效是否安全、可靠，及时更换不合格工器具	
13		4. 叉车、天车特种设备存在缺陷，被吊运物品发生掉落，导致人员伤害	25	2	0.5	25	四级	作业前进行试车确认，作业过程中严格执行“十不吊”	
14		5. 工器具点检不到位，焊接电缆绝缘损坏或焊把破损，造成人员触电	25	2	0.5	25	四级	（1）定期检查电缆绝缘，确保其绝缘良好 （2）定期检测焊机绝缘	
15		6. 配合车辆搬运工器具时，人员站位不合理或车辆制动失效，导致人员撞伤	25	2	0.5	25	四级	定期检查机动车辆安全附件，作业前试车，保证制动系统安全有效，作业时人员与车辆保持有效安全距离	
16	停送电	1. 设备未断电，人员因误操作启动设备，导致人员受到机械伤害；停错电，造成检修人员触电	25	3	1	75	三级	停电前应一人操作一人确认，停电后进行验电，确认无电并挂牌上锁后方可进行其他作业	

续表

序号	主要操作步骤	存在的风险	风险等级分析					主要防控措施	备注
			后果	暴露	可能性	风险值	风险等级		
17	能量现场隔离	1. 检修隔离不到位，现场易燃品被引燃	25	2	0.5	25	四级	检修前工作负责人、工作许可人现场共同确认隔离措施是否安全、可靠，确认无其他易燃物或者其他杂物后再进行现场检修	
18		2. 检修过程中的振动使高处具有势能的物品掉落，造成人员受伤	25	2	0.5	25	四级	对可能掉落的物品、设备设施进行能量隔离和停机断电，或者把高处物品放到检修同一水平面内	
19	上下爬梯	1. 上下爬梯时未抓稳扶手，易发生人员坠落	50	1	1	50	四级	上下扶梯时抓稳扶手，不得手拿物品，佩戴双股安全带，作业前检查爬梯及除尘设备护栏是否牢固可靠	
20	通风、冷却、检测	1. 通风不良使有害气体含量过高或氧含量不足，造成人员中毒和窒息	50	2	3	300	二级	作业前进行气体检测，确保 CO_2、可燃气体含量为 0，O_2 含量在 19.5%~23%	
21		2. 入口盖未有效固定，作业过程中发生自动关闭，造成人员夹伤、中毒窒息	50	2	1	100	三级	打开入口盖后应及时有效固定，作业监护人全程在入口监护	
22		3. 有限空间内的温度过高，导致作业人员被烫伤	50	2	1	100	三级	作业前进行通风降温，测温后再进入	
23		4. 气体检测仪故障，造成显示数值失真、氧含量不足，导致人员缺氧	50	2	3	300	二级	定期对气体检测仪进行检验、调校	

续表

序号	主要操作步骤	存在的风险	风险等级分析					主要防控措施	备注
			后果	暴露	可能性	风险值	风险等级		
24	更换布袋滤笼	1. 打开除尘箱体盖板，盖板沉重，人员搬运时易发生砸脚	50	1	1	50	四级	多人搬运，双脚不得处于盖板跌落下方	
25		2. 滤网多垂直孔洞，工器具因未拿稳而跌落至设备内部，造成设备损伤	50	1	1	50	四级	使用防坠绳拿工器具	
26		3. 进入设备内部，发生人员窒息	50	1	1	50	四级	按要求进行气体检测，设专人监护	
27	轴承维护	1. 进入箱体内，发生人员窒息	50	2	3	300	二级	设专人监护，进行气体检测	
28		2. 狭小空间内踩空，导致人员扭伤	50	1	1	50	四级	选取合适的检修位置进行检修	
29		3. 使用电气焊时触电或烫伤	50	1	1	50	四级	规范使用工器具	
30	更换脉冲阀及气缸	1. 未设置隔离护栏及警戒带，导致人员及设备伤害	50	1	1	50	四级	（1）人员站在护栏内部，严禁乱扔物品，设置隔离护栏及警戒带 （2）临边严禁放置工器具	
31	工完场清	1. 未停机进行清扫，易发生机械伤害事故	15	3	1	45	四级	清扫卫生时要确认设备设施处于非运转状态，或人员站在安全位置	
32		2. 粉尘较大，易影响人员健康	15	3	1	45	四级	作业时佩戴好劳动保护用品	
33		3. 在导杆下方清扫，易发生打击伤害	15	3	1	45	四级	清扫时确认悬链停止运行且人员站位安全、可靠	

续表

序号	主要操作步骤	存在的风险	风险等级分析					主要防控措施	备注
			后果	暴露	可能性	风险值	风险等级		
34	工完场清	4. 现场未清理散落的物料，造成设备短路故障	15	3	1	45	四级	作业结束后及时清理杂物，作业负责人进行检查确认	
35		5. 金属工器具未收走，设备启动时造成设备故障	15	3	1	45	四级	作业结束后清点工器具，确保工器具全部被带出	
36		6. 未清点作业人员就启动设备，导致滞留人员伤亡	15	3	1	45	四级	作业结束后清点人数，确保人员全部安全撤离	
37	送电试车	1. 送电时未确认负荷，导致人员受伤	50	1	1	50	四级	（1）送电前，确认负荷已切断后再进行送电 （2）送电时，作业人员穿戴好绝缘手套和绝缘鞋	
38		2. 试车过程中检修人员站位不合理，发生人员伤害	50	1	1	50	四级	人员站在安全位置	

表 3.14　检修走轮作业安全风险辨识及防控措施一览表

序号	主要操作步骤	存在的风险	风险等级分析					主要防控措施	备注
			后果	暴露	可能性	风险值	风险等级		
1	作业前检查人员状态和劳动保护用品穿戴情况	1. 作业人员班前喝酒、身体不适、精神状态不好等，可能导致作业过程中注意力不集中	15	10	0.1	15	四级	作业前，作业负责人检查作业人员是否酒后上岗，询问身体是否不适，观察精神状态，确认良好后方可作业	
2		2. 未按规定着装（工作服、劳保鞋、安全帽、防尘口罩、防护面罩等），可能导致烫伤	15	10	0.1	15	四级	作业前，确保工作服穿着做到“三紧”、劳保鞋鞋带系好、安全帽下颏带系好、防尘口罩戴好	

续表

序号	主要操作步骤	存在的风险	风险等级分析					主要防控措施	备注
			后果	暴露	可能性	风险值	风险等级		
3	作业前风险辨识	1. 未开展风险辨识，导致人员伤害	15	10	0.1	15	四级	每次作业前要开具检修维护工作票并进行风险辨识	
4		2. 未结合现场实际进行风险辨识，导致人员伤害	15	10	0.1	15	四级	风险辨识要结合现场实际，禁止极端天气对室外除尘器进行检修	
5		3. 风险辨识有遗漏，导致人员伤害	15	10	0.1	15	四级	根据工作环境的变化完善辨识内容	
6		4. 未明确作业责任人，未确定互联互保人员，导致人员伤害	15	10	0.1	15	四级	指定作业负责人和互联互保人员	
7		5. 未掌握作业时的风险，导致人员伤害	15	10	0.1	15	四级	抽查作业人员对存在的风险和相关防控措施的掌握情况	
8		6. 不清楚风险的防控措施，导致人员伤害	15	10	0.1	15	四级	对照口袋卡及作业任务中存在的风险手指口述逐项进行提示提醒	
9		7. 未和生产单位联系，未进行停机确认，导致人员伤害	15	10	0.1	15	四级	及时联系生产单位，对讲机保持畅通，停机挂牌上锁，切断能量介质，设专人监护	

续表

序号	主要操作步骤	存在的风险	风险等级分析					主要防控措施	备注
			后果	暴露	可能性	风险值	风险等级		
10	检查工器具	1. 使用有缺陷的钳子、扳手、改锥、手锤，使用过程中发生卡靠不牢，发力时易导致人员磕碰	25	2	0.5	25	四级	作业前检查钳子、扳手、改锥、手锤是否安全、可靠，及时更换不合格工器具	
11		2. 使用有缺陷的吊带、手拉葫芦，易发生配件掉落，砸伤周围作业人员	25	2	0.5	25	四级	作业前检查吊带、手拉葫芦是否破损、断股及其承受吨位，不合格的应及时更换，起拉过程中人员应撤离	
12		3. 使用有缺陷的撬棍、液压拉马、千斤顶，使用过程中易发生工器具故障，造成人员磕碰	25	2	0.5	25	四级	作业前检查工器具是否变形、开裂，液压失效是否安全、可靠，及时更换不合格工器具	
13		4. 叉车、天车特种设备存在缺陷，被吊运物品掉落，导致人员伤害	25	2	0.5	25	四级	作业前进行试车确认，作业过程中认真执行“十不吊”	
14	停送电	1. 设备未断电，人员因误操作启动设备，导致人员受到机械伤害；停错电，造成检修人员触电	25	2	3	150	三级	确认停电位置，两人作业相互确认，停电后进行验电，确认无电并挂牌上锁后方可进行其他作业	
15	能量现场隔离	1. 检修隔离不到位，现场易燃品被引燃	25	2	0.5	25	四级	检修前工作负责人、工作许可人现场共同确认隔离措施是否安全、可靠，确认无其他易燃物或者其他杂物后再进行现场检修	
16		2. 检修过程中的振动使高处具有势能的物品掉落，造成人员受伤	25	2	0.5	25	四级	对可能掉落的物品、设备设施进行能量隔离，进行停机断电，或者把高处物品放到检修同一水平面内	

续表

序号	主要操作步骤	存在的风险	风险等级分析					主要防控措施	备注
			后果	暴露	可能性	风险值	风险等级		
17	车辆停靠在检修位置，切断电源，上车检修	1. 未设立警戒隔离区域，导致其他人员进入检修区域内受到伤害	25	2	0.5	25	四级	（1）设立警戒隔离区域，设立明显的警戒隔离标识 （2）禁止与检修作业无关的人员穿行进入检修区	
18		2. 天车未停在可靠的检修位置，人员上车时易造成伤害	25	2	0.5	25	四级	（1）将天车停靠在有爬梯口的检修位置，人员顺爬梯上车 （2）人员上车前，接收保管好遥控器，确保安全	
19		3. 天车未切断电源，等车时因误操作导致检修人员意外受伤	25	2	3	150	三级	（1）确保天车切断主启动 （2）人员未到达安全位置时严禁送电动车	
20	吊装更换走轮	1. 人员站位不当或操作失误，导致高处坠落	50	2	0.5	50	四级	作业时必须选择合理站位，并正确系挂好安全带	
21		2. 安装过程中走轮挤伤、碰伤检修人员	50	2	3	300	二级	（1）劳动保护用品穿戴齐全 （2）集中注意力。作业前确认作业环境 （3）注意保持安全站位 （4）避免设备或工器具之间的碰撞 （5）两人以上作业，协调配合	
22	工完场清	1. 未停机进行清扫，易发生机械伤害事故	15	3	1	45	四级	清扫时要确认设备设施处于非运转状态，或人员站在安全位置	
23		2. 粉尘较大，易影响人员健康	15	3	1	45	四级	作业时佩戴好劳动保护用品	
24		3. 在导杆下方清扫，易发生打击伤害	15	3	1	45	四级	确认悬链停止运行且人员站位安全、可靠后再进行卫生清扫	

续表

序号	主要操作步骤	存在的风险	风险等级分析					主要防控措施	备注
			后果	暴露	可能性	风险值	风险等级		
25	工完场清	4. 现场未清理散落的物料，造成设备短路故障	15	3	1	45	四级	作业结束后及时清理杂物，作业负责人进行检查确认	
26		5. 金属工器具未收走，设备启动时造成设备故障	15	3	1	45	四级	作业结束后清点工器具，确保工器具全部被带出	
27		6. 未清点作业人员，启动设备导致滞留人员伤亡	15	3	1	45	四级	作业结束后清点人数，确保人员全部安全撤离	
28	送电试车	1. 送电时未确认负荷，导致人员伤害	50	1	1	50	四级	(1) 送电前，确认负荷已切断 (2) 送电时，作业人员穿戴好绝缘手套和绝缘鞋	
29		2. 试车过程中检修人员站位不合理，发生人员伤害	50	1	1	50	四级	人员站在安全位置	

表 3.15　检修卷扬机构作业安全风险辨识及防控措施一览表

序号	主要操作步骤	存在的风险	风险等级分析					主要防控措施	备注
			后果	暴露	可能性	风险值	风险等级		
1	作业前检查人员状态和劳动保护用品穿戴情况	1. 作业人员班前喝酒、身体不适、精神状态不好等，可能导致作业过程中注意力不集中	15	10	0.1	15	四级	作业前，作业负责人检查作业人员是否酒后上岗，询问身体是否不适，观察精神状态，确认良好后方可作业	
2		2. 未按规定着装（工作服、劳保鞋、安全帽、防尘口罩、防护面罩等），可能导致烫伤	15	10	0.1	15	四级	作业前，确保工作服穿着做到“三紧”、劳保鞋鞋带系好、安全帽下颏带系好、防尘口罩戴好	

续表

序号	主要操作步骤	存在的风险	风险等级分析					主要防控措施	备注
			后果	暴露	可能性	风险值	风险等级		
3	作业前风险辨识	1. 未开展风险辨识，导致人员伤害	15	10	0.1	15	四级	每次作业前要开具检修维护工作票并进行风险辨识	
4		2. 未结合现场实际进行风险辨识，导致人员伤害	15	10	0.1	15	四级	风险辨识要结合现场实际，禁止极端天气对室外除尘器进行检修	
5		3. 风险辨识有遗漏，导致人员伤害	15	10	0.1	15	四级	根据工作环境的变化完善辨识内容	
6		4. 未明确作业责任人，未确定互联互保人员，导致人员伤害	15	10	0.1	15	四级	指定作业负责人和互联互保人员	
7		5. 未掌握作业时的风险，导致人员伤害	15	10	0.1	15	四级	抽查作业人员对存在的风险和相关防控措施的掌握情况	
8		6. 不清楚风险的防控措施，导致人员伤害	15	10	0.1	15	四级	对照口袋卡及作业任务中存在的风险手指口述逐项进行提示提醒	
9		7. 未和生产单位联系，未进行停机确认，导致人员伤害	15	10	0.1	15	四级	及时联系生产单位，对讲机保持畅通，停机挂牌上锁，切断能量介质，设专人监护	

续表

序号	主要操作步骤	存在的风险	风险等级分析					主要防控措施	备注
			后果	暴露	可能性	风险值	风险等级		
10	检查工器具	1. 使用有缺陷的工器具，易导致作业人员受到磕碰、打击、挤压等伤害	25	2	0.5	25	四级	作业前检查钳子、扳手、改锥、手锤是否安全、可靠，及时更换不合格工器具	
11		2. 使用有缺陷的吊带、手拉葫芦，易发生被吊运物品的跌落，砸伤周围作业人员	25	2	0.5	25	四级	作业前检查吊带、手拉葫芦是否破损、断股及其承受吨位，不合格的应及时更换，起拉过程中人员应撤离	
12		3. 使用有缺陷的撬棍、液压拉马、千斤顶，使用过程中易发生工器具故障，造成人员磕碰	25	2	0.5	25	四级	作业前检查工器具是否变形、开裂，液压失效是否安全、可靠，及时更换不合格工器具	
13		4. 叉车、天车特种设备存在缺陷，被吊运物品发生掉落，导致人员伤害	25	2	0.5	25	四级	作业前进行试车确认，作业过程中严格执行“十不吊”	
14	停送电	1. 设备未断电，人员因误操作启动设备，导致人员受到机械伤害；停错电，造成检修人员触电	25	2	3	150	三级	确认停电位置，两人作业相互确认，停电后进行验电，确认无电并挂牌上锁后方可进行其他作业	
15	能量现场隔离	1. 检修隔离不到位，现场易燃品被引燃	25	2	0.5	25	四级	检修前工作负责人、工作许可人现场共同确认隔离措施是否安全、可靠，确认无其他易燃物或者其他杂物后再进行现场检修	
16		2. 检修过程中的振动使高处具有势能的物品掉落，造成人员受伤	25	2	0.5	25	四级	对可能掉落的物品、设备设施进行能量隔离，进行停机断电，或者把高处物品放到检修同一水平面内	

续表

序号	主要操作步骤	存在的风险	风险等级分析					主要防控措施	备注
			后果	暴露	可能性	风险值	风险等级		
17	车辆停靠在检修位置，切断电源，上车检修	1. 未设立警戒隔离区域，导致其他人员进入检修区域内受到伤害	25	2	0.5	25	四级	（1）设立警戒隔离区域，设立明显的警戒隔离标识 （2）禁止与检修作业无关的人员穿行进入检修区	
18		2. 天车未停在可靠的检修位置，人员上车时易造成伤害	25	2	0.5	25	四级	（1）将天车停靠在有爬梯口的检修位置，人员顺爬梯上车 （2）人员上车前，接收保管好遥控器，确保安全	
19		3. 天车未切断电源，等车时因误操作导致检修人员意外受伤	15	2	3	90	三级	（1）确保天车切断主启动 （2）人员未到达安全位置时严禁送电动车	
20	检修天车制动器	1. 制动器夹伤检修人员肢体	50	1	3	150	三级	（1）检修人员相互提醒、配合，更换时要小心谨慎 （2）检修人员检修时注意站位	
21		2. 人员站位不当或操作失误，导致高处坠落	50	2	0.5	50	四级	作业时必须选择合理站位，并正确系挂好安全带	
22		3. 制动失效，导致溜车伤人	50	1	3	150	三级	（1）使用卡阻器进行固定，防止溜车 （2）检修时，禁止所有制动器同时检修，应至少保留一个制动器	

续表

序号	主要操作步骤	存在的风险	风险等级分析					主要防控措施	备注
			后果	暴露	可能性	风险值	风险等级		
23	检修钢丝绳	1. 钢丝绳有裂痕、毛刺，导致人员伤害	50	1	3	150	三级	（1）人员在作业过程中，应集中注意力 （2）发现钢丝毛刺应及时剪除并使用胶布包裹，防止伤人 （3）检修时全程戴好防护手套 （4）定期检查钢丝绳完好状态	
24		2. 拆装天车提升钢丝绳、滑轮、吊具组时钢丝绳掉落，造成设备损坏和打击、砸伤人员	50	1	3	150	三级	（1）拖拽钢丝绳时，需握紧抓牢，防止钢丝绳脱手伤人 （2）安排两人以上作业，确保安全	
25	检修联轴器	1. 搬运、更换联轴器时备件歪斜，造成人员挤伤、碰伤	50	1	3	150	三级	（1）人员在作业过程中，应集中注意力 （2）安排两人以上作业，协调配合，做好防护工作	
26		2. 因检修过程中的振动或使用工器具不当等，导致人员伤害	50	1	3	150	三级	对可能掉落、滑动的物品、设备设施进行能量隔离和停机断电，或者把高处物品放到检修同一水平面内	

续表

序号	主要操作步骤	存在的风险	风险等级分析					主要防控措施	备注
			后果	暴露	可能性	风险值	风险等级		
27	工完场清	1. 未停机进行清扫，易发生机械伤害事故	15	3	1	45	四级	清扫卫生时要确认设备设施处于非运转状态，或人员站在安全位置	
28		2. 粉尘较大，易影响人员健康	15	3	1	45	四级	作业时佩戴好劳动保护用品	
29		3. 在导杆下方清扫，易发生打击伤害	15	3	1	45	四级	清扫时确认悬链停止运行且人员站位安全、可靠	
30		4. 现场未清理散落的物料，造成设备短路故障	15	3	1	45	四级	作业结束后及时清理杂物，作业负责人进行检查确认	
31		5. 金属工器具未收走，设备启动时造成设备故障	15	3	1	45	四级	作业结束后清点工器具，确保工器具全部被带出	
32		6. 未清点作业人员就启动设备，导致滞留人员伤亡	15	3	1	45	四级	作业结束后清点人数，确保人员全部安全撤离	
33	送电试车	1. 送电时未确认负荷，导致人员受伤	15	2	3	90	三级	（1）送电前，确认负荷已切断后再进行送电 （2）送电时，作业人员穿戴好绝缘手套和绝缘鞋	
34		2. 试车过程中检修人员站位不合理，发生人员伤害	15	2	3	90	三级	人员站在安全位置	

表 3.16　检修电机及减速机作业安全风险辨识及防控措施一览表

序号	主要操作步骤	存在的风险	风险等级分析					主要防控措施	备注
			后果	暴露	可能性	风险值	风险等级		
1	作业前检查人员状态和劳动保护用品穿戴情况	1. 作业人员班前喝酒、身体不适、精神状态不好等，可能导致作业过程中注意力不集中	15	10	0.1	15	四级	作业前，作业负责人检查作业人员是否酒后上岗，询问身体是否不适，观察精神状态，确认良好后方可作业	
2		2. 未按规定着装（工作服、劳保鞋、安全帽、防尘口罩、防护面罩等），可能导致烫伤	15	10	0.1	15	四级	作业前，确保工作服穿着做到“三紧”、劳保鞋鞋带系好、安全帽下颏带系好、防尘口罩戴好	
3	作业前风险辨识	1. 未开展风险辨识，导致人员伤害	15	10	0.1	15	四级	每次作业前要开具检修维护工作票并进行风险辨识	
4		2. 未结合现场实际进行风险辨识，导致人员伤害	15	10	0.1	15	四级	风险辨识要结合现场实际，禁止极端天气对室外除尘器进行检修	
5		3. 风险辨识有遗漏，导致人员伤害	15	10	0.1	15	四级	根据工作环境的变化完善辨识内容	
6		4. 未明确作业责任人，未确定互联互保人员，导致人员伤害	15	10	0.1	15	四级	指定作业负责人和互联互保人员	
7		5. 未掌握作业时的风险，导致人员伤害	15	10	0.1	15	四级	抽查作业人员对存在的风险和相关防控措施的掌握情况	
8		6. 不清楚风险的防控措施，导致人员伤害	15	10	0.1	15	四级	对照口袋卡及作业任务中存在的风险手指口述逐项进行提示提醒	
9		7. 未和生产单位联系，未进行停机确认，导致人员伤害	15	10	0.1	15	四级	及时联系生产单位，对讲机保持畅通，停机挂牌上锁，切断能量介质，设专人监护	

续表

序号	主要操作步骤	存在的风险	风险等级分析					主要防控措施	备注
			后果	暴露	可能性	风险值	风险等级		
10	检查工器具	1. 使用有缺陷的工器具，易导致作业人员受到磕碰、打击、挤压等伤害	25	2	0.5	25	四级	作业前检查钳子、扳手、改锥、手锤是否安全、可靠，及时更换不合格工器具	
11		2. 使用有缺陷的吊带、手拉葫芦，易发生被吊运物品的跌落，砸伤周围作业人员	25	2	0.5	25	四级	作业前检查吊带、手拉葫芦是否破损、断股及其承受吨位，不合格的应及时更换，起拉过程中人员应撤离	
12		3. 使用有缺陷的撬棍、液压拉马、千斤顶，使用过程中易发生工器具故障，造成人员磕碰	25	2	0.5	25	四级	作业前检查工器具是否变形、开裂，液压失效是否安全、可靠，及时更换不合格工器具	
13		4. 叉车、天车特种设备存在缺陷，被吊运物品发生掉落，导致人员伤害	25	2	0.5	25	四级	作业前进行试车确认，作业过程中严格执行“十不吊”	
14	停送电	1. 设备未断电，人员因误操作启动设备，导致人员受到机械伤害；停错电，造成检修人员触电	25	2	3	150	三级	停电前应一人操作一人确认，停电后进行验电，确认无电并挂牌上锁后方可进行其他作业	
15	能量现场隔离	1. 检修隔离不到位，现场易燃品被引燃	25	2	0.5	25	四级	检修前工作负责人、工作许可人现场共同确认隔离措施是否安全、可靠，确认无其他易燃物或者其他杂物后再进行现场检修	
16		2. 检修过程中的振动使高处具有势能的物品掉落，造成人员受伤	25	2	0.5	25	四级	对可能掉落的物品、设备设施进行能量隔离和停机断电，或者把高处物品放到检修同一水平面内	

续表

序号	主要操作步骤	存在的风险	风险等级分析					主要防控措施	备注
			后果	暴露	可能性	风险值	风险等级		
17	车辆停靠在检修位置，切断电源，上车检修	1. 未设立警戒隔离区域，导致其他人员进入检修区域内受到伤害	25	2	0.5	25	四级	（1）设立警戒隔离区域，设立明显的警戒隔离标识 （2）禁止与检修作业无关的人员穿行进入检修区	
18		2. 天车未停在可靠的检修位置，人员上车时易造成伤害	25	2	0.5	25	四级	（1）将天车停靠在有爬梯口的检修位置，人员顺爬梯上车 （2）人员上车前，接收保管好遥控器，确保安全	
19		3. 天车未切断电源，等车时因误操作导致检修人员意外受伤	15	2	3	90	三级	（1）确保天车切断主启动 （2）人员未到达安全位置时严禁送电动车	
20	吊装更换减速机	1. 吊装作业时，走轮因未固定牢固而发生掉落，导致砸伤作业人员或设备	50	1	3	150	三级	（1）检查吊具是否有缺陷，确认被吊运物品的重量，选择合适的吊具 （2）吊运时由专人指挥吊运，被吊运物品经过的区域下严禁站人 （3）人员相互提醒监督站位安全	
21		2. 人员站位不当或操作失误，导致高处坠落	50	2	0.5	50	四级	作业时必须选择合理站位，并正确系挂好安全带	
22		3. 安装过程中检修人员被走轮挤伤、碰伤	50	1	3	150	三级	（1）劳动保护用品穿戴齐全，作业时注意力集中 （2）作业前确认作业环境，注意保持安全站位，避免设备或工器具之间的碰撞 （3）安排两人以上作业，相互之间要协调配合	

续表

序号	主要操作步骤	存在的风险	风险等级分析					主要防控措施	备注
			后果	暴露	可能性	风险值	风险等级		
23	工完场清	1. 未停机进行清扫，易发生机械伤害事故	15	3	1	45	四级	清扫时要确认设备设施处于非运转状态，或人员站在安全位置	
24		2. 粉尘较大，易影响人员健康	15	3	1	45	四级	作业时佩戴好劳动保护用品	
25		3. 在导杆下方清扫，易发生打击伤害	15	3	1	45	四级	确认悬链停止运行且人员站位安全、可靠后再进行卫生清扫	
26		4. 现场未清理散落的物料，造成设备短路故障	15	3	1	45	四级	作业结束后及时清理杂物，作业负责人进行检查确认	
27		5. 金属工器具未收走，设备启动时造成设备故障	15	3	1	45	四级	作业结束后清点工器具，确保工器具全部被带出	
28		6. 未清点作业人员，启动设备导致滞留人员伤亡	15	3	1	45	四级	作业结束后清点人数，确保人员全部安全撤离	
29	送电试车	1. 送电时未确认负荷，导致人员伤害	50	2	1	100	三级	（1）送电前，确认负荷已切断 （2）送电时，作业人员穿戴好绝缘手套和绝缘鞋	
30		2. 试车过程中检修人员站位不合理，发生人员伤害	50	1	1	50	四级	人员站在安全位置	

表 3.17　各部位润滑作业安全风险辨识及防控措施一览表

序号	主要操作步骤	存在的风险	风险等级分析					主要防控措施	备注
			后果	暴露	可能性	风险值	风险等级		
1	作业前检查人员状态和劳动保护用品穿戴情况	1. 作业人员班前喝酒、身体不适、精神状态不好等，可能导致作业过程中注意力不集中	15	10	0.1	15	四级	作业前，作业负责人检查作业人员是否酒后上岗，询问身体是否不适，观察精神状态，确认良好后方可作业	
2		2. 未按规定着装（工作服、劳保鞋、安全帽、防尘口罩、防护面罩等），可能导致烫伤	15	10	0.1	15	四级	作业前，确保工作服穿着做到“三紧”、劳保鞋鞋带系好、安全帽下颏带系好、防尘口罩戴好	
3	作业前风险辨识	1. 未开展风险辨识，导致人员伤害	15	10	0.1	15	四级	每次作业前要开具检修维护工作票并进行风险辨识	
4		2. 未结合现场实际进行风险辨识，导致人员伤害	15	10	0.1	15	四级	风险辨识要结合现场实际，禁止极端天气对室外除尘器进行检修	
5		3. 风险辨识有遗漏，导致人员伤害	15	10	0.1	15	四级	根据工作环境的变化完善辨识内容	
6		4. 未明确作业责任人，未确定互联互保人员，导致人员伤害	15	10	0.1	15	四级	指定作业负责人和互联互保人员	
7		5. 未掌握作业时的风险，导致人员伤害	15	10	0.1	15	四级	抽查作业人员对存在的风险和相关防控措施的掌握情况	
8		6. 不清楚风险的防控措施，导致人员伤害	15	10	0.1	15	四级	对照口袋卡及作业任务中存在的风险手指口述逐项进行提示提醒	
9		7. 未和生产单位联系，未进行停机确认，导致人员伤害	15	10	0.1	15	四级	及时联系生产单位，对讲机保持畅通，停机挂牌上锁，切断能量介质，设专人监护	

续表

序号	主要操作步骤	存在的风险	风险等级分析					主要防控措施	备注
			后果	暴露	可能性	风险值	风险等级		
10	检查工器具	1. 使用有缺陷的工器具，易导致作业人员受到磕碰、打击、挤压等伤害	25	2	0.5	25	四级	作业前检查钳子、扳手、改锥、手锤是否安全、可靠，及时更换不合格工器具	
11		2. 使用有缺陷的吊带、手拉葫芦，易发生被吊运物品的跌落，砸伤周围作业人员	25	2	0.5	25	四级	作业前检查吊带、手拉葫芦是否破损、断股及其承受吨位，不合格的应及时更换，起拉过程中人员应撤离	
12		3. 使用有缺陷的撬棍、液压拉马、千斤顶，使用过程中易发生工器具故障，造成人员磕碰	25	2	0.5	25	四级	作业前检查工器具是否变形、开裂，液压失效是否安全、可靠，及时更换不合格工器具	
13		4. 叉车、天车特种设备存在缺陷，被吊运物品发生掉落，导致人员伤害	25	2	0.5	25	四级	作业前进行试车确认，作业过程中严格执行“十不吊”	
14	停送电	1. 设备未断电，人员因误操作启动设备，导致人员受到机械伤害；停错电，造成检修人员触电	25	2	3	150	三级	确认停电位置，两人作业相互确认，停电后进行验电，确认无电并挂牌上锁后方可进行其他作业	
15	能量现场隔离	1. 检修隔离不到位，现场易燃品被引燃	25	2	0.5	25	四级	检修前工作负责人、工作许可人现场共同确认隔离措施是否安全、可靠，确认无其他易燃物或者其他杂物后再进行现场检修	
16		2. 检修过程中的振动使高处具有势能的物品掉落，造成人员受伤	25	2	0.5	25	四级	对可能掉落的物品、设备设施进行能量隔离，进行停机断电，或者把高处物品放到检修同一水平面内	

续表

序号	主要操作步骤	存在的风险	风险等级分析					主要防控措施	备注
			后果	暴露	可能性	风险值	风险等级		
17	加润滑油	1. 油脂掉落到脚下，导致人员滑倒摔伤	25	2	3	150	三级	（1）润滑时谨慎操作，尽量避免油脂掉落，铺设检修标准化作业毯 （2）及时清理散流在外的润滑油 （3）作业全程系挂好五点式双钩安全带	
18		2. 人员站位不当或操作失误，导致高处坠落	50	2	0.5	50	四级	作业时必须选择合理站位，并正确系挂好安全带	
19		3. 润滑堆垛天车夹具时未与天车操作人员沟通清晰，造成人员挤伤或压伤	25	2	3	150	三级	设专人监护、专人指挥，确认安全站位后再作业	
20	工完场清	1. 未停机进行清扫，易发生机械伤害事故	15	3	1	45	四级	清扫卫生时要确认设备设施处于非运转状态，或人员站在安全位置	
21		2. 粉尘较大，易影响人员健康	15	3	1	45	四级	作业时佩戴好劳动保护用品	
22		3. 在导杆下方清扫，易发生打击伤害	15	3	1	45	四级	清扫时确认悬链停止运行且人员站位安全、可靠	
23		4. 现场未清理散落的物料，造成设备短路故障	15	3	1	45	四级	作业结束后及时清理杂物，作业负责人进行检查确认	
24		5. 金属工器具未收走，设备启动时造成设备故障	15	3	1	45	四级	作业结束后清点工器具，确保工器具全部被带出	
25		6. 未清点作业人员就启动设备，导致滞留人员伤亡	15	3	1	45	四级	作业结束后清点人数，确保人员全部安全撤离	

续表

序号	主要操作步骤	存在的风险	风险等级分析					主要防控措施	备注
			后果	暴露	可能性	风险值	风险等级		
26	送电试车	1. 送电时未确认负荷，导致人员受伤	50	2	1	100	三级	（1）送电前，确认负荷已切断后再进行送电 （2）送电时，作业人员穿戴好绝缘手套和绝缘鞋	
27		2. 试车过程中检修人员站位不合理，发生人员伤害	50	1	1	50	四级	人员站在安全位置	

表 3.18　检修天车电气作业安全风险辨识及防控措施一览表

序号	主要操作步骤	存在的风险	风险等级分析					主要防控措施	备注
			后果	暴露	可能性	风险值	风险等级		
1	作业前检查人员状态和劳动保护用品穿戴情况	1. 作业人员班前喝酒、身体不适、精神状态不好等，可能导致作业过程中注意力不集中	15	10	0.1	15	四级	作业前，作业负责人检查作业人员是否酒后上岗，询问身体是否不适，观察精神状态，确认良好后方可作业	
2		2. 未按规定着装（工作服、劳保鞋、安全帽、防尘口罩、防护面罩等），可能导致烫伤	15	10	0.1	15	四级	作业前，确保工作服穿着做到“三紧”、劳保鞋鞋带系好、安全帽下颏带系好、防尘口罩戴好	

续表

序号	主要操作步骤	存在的风险	风险等级分析					主要防控措施	备注
			后果	暴露	可能性	风险值	风险等级		
3	作业前风险辨识	1. 未开展风险辨识，导致人员伤害	15	10	0.1	15	四级	每次作业前要开具检修维护工作票并进行风险辨识	
4		2. 未结合现场实际进行风险辨识，导致人员伤害	15	10	0.1	15	四级	风险辨识要结合现场实际，禁止极端天气对室外除尘器进行检修	
5		3. 风险辨识有遗漏，导致人员伤害	15	10	0.1	15	四级	根据工作环境的变化完善辨识内容	
6		4. 未明确作业责任人，未确定互联互保人员，导致人员伤害	15	10	0.1	15	四级	指定作业负责人和互联互保人员	
7		5. 未掌握作业时的风险，导致人员伤害	15	10	0.1	15	四级	抽查作业人员对存在的风险和相关防控措施的掌握情况	
8		6. 不清楚风险的防控措施，导致人员伤害	15	10	0.1	15	四级	对照口袋卡及作业任务中存在的风险手指口述逐项进行提示提醒	
9		7. 未和生产单位联系，未进行停机确认，导致人员伤害	15	10	0.1	15	四级	及时联系生产单位，对讲机保持畅通，停机挂牌上锁，切断能量介质，设专人监护	

续表

序号	主要操作步骤	存在的风险	风险等级分析					主要防控措施	备注
			后果	暴露	可能性	风险值	风险等级		
10	检查工器具	1. 使用有缺陷的工器具，易导致作业人员受到磕碰、打击、挤压等伤害	25	2	0.5	25	四级	作业前检查钳子、扳手、改锥、手锤是否安全、可靠，及时更换不合格工器具	
11		2. 使用有缺陷的吊带、手拉葫芦，易发生被吊运物品的跌落，砸伤周围作业人员	25	2	0.5	25	四级	作业前检查吊带、手拉葫芦是否破损、断股及其承受吨位，不合格的应及时更换，起拉过程中人员应撤离	
12		3. 使用有缺陷的撬棍、液压拉马、千斤顶，使用过程中易发生工器具故障，造成人员磕碰	25	2	0.5	25	四级	作业前检查工器具是否变形、开裂，液压失效是否安全、可靠，及时更换不合格工器具	
13		4. 叉车、天车特种设备存在缺陷，被吊运物品发生掉落，导致人员伤害	25	2	0.5	25	四级	作业前进行试车确认，作业过程中严格执行“十不吊”	
14	停送电	1. 设备未断电，人员因误操作启动设备，导致人员受到机械伤害；停错电，造成检修人员触电	25	2	3	150	三级	确认停电位置，两人作业相互确认，停电后进行验电，确认无电并挂牌上锁后方可进行其他作业	
15	能量现场隔离	1. 检修隔离不到位，现场易燃品被引燃	25	2	0.5	25	四级	检修前工作负责人、工作许可人现场共同确认隔离措施是否安全、可靠，确认无其他易燃物或者其他杂物后再进行现场检修	
16		2. 检修过程中的振动使高处具有势能的物品掉落，造成人员受伤	25	2	0.5	25	四级	对可能掉落的物品、设备设施进行能量隔离，进行停机断电，或者把高处物品放到检修同一水平面内	

续表

序号	主要操作步骤	存在的风险	风险等级分析					主要防控措施	备注
			后果	暴露	可能性	风险值	风险等级		
17	检查、维护、检修电气设备	1. 工器具使用不当，造成设备损坏或人员伤害	25	3	2	150	三级	（1）使用电工专业工器具 （2）熟悉使用的工器具的特性，正确使用工器具，作业完毕后检查设备有无损坏	
18		2. 人员站位不当或操作失误，导致高处坠落	50	2	0.5	50	四级	作业时必须选择合理站位，并正确系挂好安全带	
19		3. 作业过程中人员站位不当，造成伤害	25	3	2	150	三级	（1）人员站位确认，相互提醒监督 （2）避免站在运动物体行进路线上	
20	工完场清	1. 未停机进行清扫，易发生机械伤害事故	15	3	1	45	四级	清扫时要确认设备设施处于非运转状态，或人员站在安全位置	
21		2. 粉尘较大，易影响人员健康	15	1	3	45	四级	作业时佩戴好劳动保护用品	
22		3. 在导杆下方清扫，易发生打击伤害	15	1	3	45	四级	确认悬链停止运行且人员站位安全、可靠后再进行卫生清扫	
23		4. 现场未清理散落的物料，造成设备短路故障	15	3	1	45	四级	作业结束后及时清理杂物，作业负责人进行检查确认	
24		5. 金属工器具未收走，设备启动时造成设备故障	15	3	1	45	四级	作业结束后清点工器具，确保工器具全部被带出	
25		6. 未清点作业人员，启动设备导致滞留人员伤亡	15	1	1	15	四级	作业结束后清点人数，确保人员全部安全撤离	
26	送电试车	1. 送电时未确认负荷，导致人员伤害	25	1	3	75	三级	（1）送电前，确认负荷已切断 （2）送电时，作业人员穿戴好绝缘手套和绝缘鞋	
27		2. 试车过程中检修人员站位不合理，发生人员伤害	50	1	1	50	四级	人员站在安全位置	

表 3.19 天车焊接作业安全风险辨识及防控措施一览表

序号	主要操作步骤	存在的风险	风险等级分析					主要防控措施	备注
			后果	暴露	可能性	风险值	风险等级		
1	作业前检查人员状态和劳动保护用品穿戴情况	1. 作业人员班前喝酒、身体不适、精神状态不好等，可能导致作业过程中注意力不集中	15	10	0.1	15	四级	作业前，作业负责人检查作业人员是否酒后上岗，询问身体是否不适，观察精神状态，确认良好后方可作业	
2		2. 未按规定着装（工作服、劳保鞋、安全帽、防尘口罩、防护面罩等），可能导致烫伤	15	10	0.1	15	四级	作业前，确保工作服穿着做到“三紧”、劳保鞋鞋带系好、安全帽下颏带系好、防尘口罩戴好	
3	作业前风险辨识	1. 未开展风险辨识，导致人员伤害	15	10	0.1	15	四级	每次作业前要开具检修维护工作票并进行风险辨识	
4		2. 未结合现场实际进行风险辨识，导致人员伤害	15	10	0.1	15	四级	风险辨识要结合现场实际，禁止极端天气对室外除尘器进行检修	
5		3. 风险辨识有遗漏，导致人员伤害	15	10	0.1	15	四级	根据工作环境的变化完善辨识内容	
6		4. 未明确作业责任人，未确定互联互保人员，导致人员伤害	15	10	0.1	15	四级	指定作业负责人和互联互保人员	
7		5. 未掌握作业时的风险，导致人员伤害	15	10	0.1	15	四级	抽查作业人员对存在的风险和相关防控措施的掌握情况	
8		6. 不清楚风险的防控措施，导致人员伤害	15	10	0.1	15	四级	对照口袋卡及作业任务中存在的风险手指口述逐项进行提示提醒	
9		7. 未和生产单位联系，未进行停机确认，导致人员伤害	15	10	0.1	15	四级	及时联系生产单位，对讲机保持畅通，停机挂牌上锁，切断能量介质，设专人监护	

续表

<table>
<tr><th rowspan="2">序号</th><th rowspan="2">主要操作步骤</th><th rowspan="2">存在的风险</th><th colspan="5">风险等级分析</th><th rowspan="2">主要防控措施</th><th rowspan="2">备注</th></tr>
<tr><th>后果</th><th>暴露</th><th>可能性</th><th>风险值</th><th>风险等级</th></tr>
<tr><td>10</td><td rowspan="4">检查工器具</td><td>1. 使用有缺陷的工器具，易导致作业人员受到磕碰、打击、挤压等伤害</td><td>25</td><td>2</td><td>0.5</td><td>25</td><td>四级</td><td>作业前检查钳子、扳手、改锥、手锤是否安全、可靠，及时更换不合格工器具</td><td></td></tr>
<tr><td>11</td><td>2. 使用有缺陷的吊带、手拉葫芦，易发生被吊运物品的跌落，砸伤周围作业人员</td><td>25</td><td>2</td><td>0.5</td><td>25</td><td>四级</td><td>作业前检查吊带、手拉葫芦是否破损、断股及其承受吨位，不合格的应及时更换，起拉过程中人员应撤离</td><td></td></tr>
<tr><td>12</td><td>3. 使用有缺陷的撬棍、液压拉马、千斤顶，使用过程中易发生工器具故障，造成人员磕碰</td><td>25</td><td>2</td><td>0.5</td><td>25</td><td>四级</td><td>作业前检查工器具是否变形、开裂，液压失效是否安全、可靠，及时更换不合格工器具</td><td></td></tr>
<tr><td>13</td><td>4. 叉车、天车特种设备存在缺陷，被吊运物品发生掉落，导致人员伤害</td><td>25</td><td>2</td><td>0.5</td><td>25</td><td>四级</td><td>作业前进行试车确认，作业过程中严格执行“十不吊”</td><td></td></tr>
<tr><td>14</td><td>停送电</td><td>1. 设备未断电，人员因误操作启动设备，导致人员受到机械伤害；停错电，造成检修人员触电</td><td>25</td><td>2</td><td>3</td><td>150</td><td>三级</td><td>确认停电位置，两人作业相互确认，停电后进行验电，确认无电并挂牌上锁后方可进行其他作业</td><td></td></tr>
</table>

续表

序号	主要操作步骤	存在的风险	风险等级分析					主要防控措施	备注
			后果	暴露	可能性	风险值	风险等级		
15	能量现场隔离	1. 检修隔离不到位，现场易燃品被引燃	25	2	0.5	25	四级	检修前工作负责人、工作许可人现场共同确认隔离措施是否安全、可靠，确认无其他易燃物或者其他杂物后再进行现场检修	
16		2. 检修过程中的振动使高处具有势能的物品掉落，造成人员受伤	25	2	0.5	25	四级	对可能掉落的物品、设备设施进行能量隔离，进行停机断电，或者把高处物品放到检修同一水平面内	
17	焊接消缺	1. 电焊弧光灼伤人员面部、眼睛	25	3	1	75	三级	穿戴好劳动保护用品，作业时谨慎操作	
18		2. 电焊作业人员无证操作，造成人员伤害	25	3	1	75	三级	严禁无证人员从事特种作业	
19		3. 接电时未断电，焊机或电源线破损，导致人员触电	25	3	1	75	三级	（1）作业前检查焊机及电源线绝缘是否正常、有无破损，确保焊机可以安全正常使用 （2）接电时断电、验电，确认无电后设专人监护方可作业 （3）作业时穿戴好绝缘手套、绝缘鞋	
20		4. 焊接时引出的火花飞溅，造成人员烫伤、物品引燃	25	3	1	75	三级	（1）穿戴好劳动保护用品，作业时谨慎操作 （2）清理现场油污及易燃易爆品，作业时安排专人监护 （3）将灭火器放置于作业处	

续表

序号	主要操作步骤	存在的风险	风险等级分析					主要防控措施	备注
			后果	暴露	可能性	风险值	风险等级		
21	工完场清	1. 未停机进行清扫，易发生机械伤害事故	15	1	3	45	四级	清扫卫生时要确认设备设施处于非运转状态，或人员站在安全位置	
22		2. 粉尘较大，易影响人员健康	15	3	1	45	四级	作业时佩戴好劳动保护用品	
23		3. 在导杆下方清扫，易发生打击伤害	15	1	3	45	四级	清扫时确认悬链停止运行且人员站位安全、可靠	
24		4. 现场未清理散落的物料，造成设备短路故障	15	3	1	45	四级	作业结束后及时清理杂物，作业负责人进行检查确认	
25		5. 金属工器具未收走，设备启动时造成设备故障	15	3	1	45	四级	作业结束后清点工器具，确保工器具全部被带出	
26		6. 未清点作业人员就启动设备，导致滞留人员伤亡	15	3	1	45	四级	作业结束后清点人数，确保人员全部安全撤离	
27	送电试车	1. 送电时未确认负荷，导致人员受伤	25	1	3	75	三级	（1）送电前，确认负荷已切断后再进行送电 （2）送电时，作业人员穿戴好绝缘手套和绝缘鞋	
28		2. 试车过程中检修人员站位不合理，发生人员伤害	50	1	1	50	四级	人员站在安全位置	

表 3.20 堆垛天车夹具更换作业安全风险辨识及防控措施一览表

序号	主要操作步骤	存在的风险	风险等级分析					主要防控措施	备注
			后果	暴露	可能性	风险值	风险等级		
1	作业前检查人员状态和劳动保护用品穿戴情况	1. 作业人员班前喝酒、身体不适、精神状态不好等，可能导致作业过程中注意力不集中	15	10	0.1	15	四级	作业前，作业负责人检查作业人员是否酒后上岗，询问身体是否不适，观察精神状态，确认良好后方可作业	
2		2. 未按规定着装（工作服、劳保鞋、安全帽、防尘口罩、防护面罩等），可能导致烫伤	15	10	0.1	15	四级	作业前，确保工作服穿着做到“三紧”、劳保鞋鞋带系好、安全帽下颏带系好、防尘口罩戴好	
3	作业前风险辨识	1. 未开展风险辨识，导致人员伤害	15	10	0.1	15	四级	每次作业前要开具检修维护工作票并进行风险辨识	
4		2. 未结合现场实际进行风险辨识，导致人员伤害	15	10	0.1	15	四级	风险辨识要结合现场实际，禁止极端天气对室外除尘器进行检修	
5		3. 风险辨识有遗漏，导致人员伤害	15	10	0.1	15	四级	根据工作环境的变化完善辨识内容	
6		4. 未明确作业责任人，未确定互联互保人员，导致人员伤害	15	10	0.1	15	四级	指定作业负责人和互联互保人员	
7		5. 未掌握作业时的风险，导致人员伤害	15	10	0.1	15	四级	抽查作业人员对存在的风险和相关防控措施的掌握情况	
8		6. 不清楚风险的防控措施，导致人员伤害	15	10	0.1	15	四级	对照口袋卡及作业任务中存在的风险手指口述逐项进行提示提醒	
9		7. 未和生产单位联系，未进行停机确认，导致人员伤害	15	10	0.1	15	四级	及时联系生产单位，对讲机保持畅通，停机挂牌上锁，切断能量介质，设专人监护	

续表

序号	主要操作步骤	存在的风险	风险等级分析					主要防控措施	备注
			后果	暴露	可能性	风险值	风险等级		
10	检查工器具	1. 使用有缺陷的工器具，易导致作业人员受到磕碰、打击、挤压等伤害	25	2	0.5	25	四级	作业前检查钳子、扳手、改锥、手锤是否安全、可靠，及时更换不合格工器具	
11		2. 使用有缺陷的吊带、手拉葫芦，易发生被吊运物品的跌落，砸伤周围作业人员	25	2	0.5	25	四级	作业前检查吊带、手拉葫芦是否破损、断股及其承受吨位，不合格的应及时更换，起拉过程中人员应撤离	
12		3. 使用有缺陷的撬棍、液压拉马、千斤顶，使用过程中易发生工器具故障，造成人员磕碰	25	2	0.5	25	四级	作业前检查工器具是否变形、开裂，液压失效是否安全、可靠，及时更换不合格工器具	
13		4. 叉车、天车特种设备存在缺陷，被吊运物品发生掉落，导致人员伤害	25	2	0.5	25	四级	作业前进行试车确认，作业过程中严格执行“十不吊”	
14	停送电	1. 设备未断电，人员因误操作启动设备，导致人员受到机械伤害；停错电，造成检修人员触电	25	2	3	150	三级	确认停电位置，两人作业相互确认，停电后进行验电，确认无电并挂牌上锁后方可进行其他作业	
15	能量现场隔离	1. 检修隔离不到位，现场易燃品被引燃	25	2	0.5	25	四级	检修前工作负责人、工作许可人现场共同确认隔离措施是否安全、可靠，确认无其他易燃物或者其他杂物后再进行现场检修	
16		2. 检修过程中的振动使高处具有势能的物品掉落，造成人员受伤	25	2	0.5	25	四级	对可能掉落的物品、设备设施进行能量隔离，进行停机断电，或者把高处物品放到检修同一水平面内	

续表

序号	主要操作步骤	存在的风险	风险等级分析					主要防控措施	备注
			后果	暴露	可能性	风险值	风险等级		
17	更换夹具	1. 叉车运送、放置夹具时放置不稳，人员站位不当，导致人员受伤	50	3	1	150	三级	叉车叉运夹具放置平稳，安排专人指挥，正确选择站位，避免伤害	
18		2. 更换堆垛天车夹具时未与天车工沟通清晰，造成人员挤伤或压伤	50	3	1	150	三级	安排专人监护、专人指挥，确认安全及站位后再作业	
19		3. 电焊弧光灼伤人员面部、眼睛	50	3	1	150	三级	穿戴好劳动保护用品，作业时谨慎操作	
20		4. 电焊作业人员无证操作，造成人员伤害	50	3	1	150	三级	严禁无证人员从事特种作业	
21		5. 接电时未断电，焊机或电源线破损，导致人员触电	50	3	1	150	三级	（1）作业前检查焊机及电源线绝缘是否正常、有无破损，确保焊机可以安全正常使用 （2）接电时断电、验电，确认无电后设专人监护方可作业 （3）作业时穿戴好绝缘手套、绝缘鞋	
22		6. 焊接时引出的火花飞溅，造成人员烫伤、物品引燃	50	3	1	150	三级	（1）穿戴好劳动保护用品，作业时谨慎操作 （2）清理现场油污及易燃易爆品，作业时安排专人监护 （3）将灭火器放置于作业处	

续表

序号	主要操作步骤	存在的风险	风险等级分析					主要防控措施	备注
			后果	暴露	可能性	风险值	风险等级		
23	工完场清	1. 未停机进行清扫，易发生机械伤害事故	15	1	3	45	四级	清扫卫生时要确认设备设施处于非运转状态，或人员站在安全位置	
24		2. 粉尘较大，易影响人员健康	15	3	1	45	四级	作业时佩戴好劳动保护用品	
25		3. 在导杆下方清扫，易发生打击伤害	15	3	1	45	四级	清扫时确认悬链停止运行且人员站位安全、可靠	
26		4. 现场未清理散落的物料，造成设备短路故障	15	3	1	45	四级	作业结束后及时清理杂物，作业负责人进行检查确认	
27		5. 金属工器具未收走，设备启动时造成设备故障	15	3	1	45	四级	作业结束后清点工器具，确保工器具全部被带出	
28		6. 未清点作业人员就启动设备，导致滞留人员伤亡	15	3	1	45	四级	作业结束后清点人数，确保人员全部安全撤离	
29	送电试车	1. 送电时未确认负荷，导致人员受伤	25	1	3	75	三级	(1) 送电前，确认负荷已切断后再进行送电 (2) 送电时，作业人员穿戴好绝缘手套和绝缘鞋	
30		2. 试车过程中检修人员站位不合理，发生人员伤害	50	1	1	50	四级	人员站在安全位置	

表 3.21　设备卫生清理作业安全风险辨识及防控措施一览表

序号	主要操作步骤	存在的风险	风险等级分析					主要防控措施	备注
			后果	暴露	可能性	风险值	风险等级		
1	作业前检查人员状态和劳动保护用品穿戴情况	1. 作业人员班前喝酒、身体不适、精神状态不好等，可能导致作业过程中注意力不集中	15	10	0.1	15	四级	作业前，作业负责人检查作业人员是否酒后上岗，询问身体是否不适，观察精神状态，确认良好后方可作业	
2		2. 未按规定着装（工作服、劳保鞋、安全帽、防尘口罩、防护面罩等），可能导致烫伤	15	10	0.1	15	四级	作业前，确保工作服穿着做到“三紧”、劳保鞋鞋带系好、安全帽下颏带系好、防尘口罩戴好	
3	作业前风险辨识	1. 未开展风险辨识，导致人员伤害	15	10	0.1	15	四级	每次作业前要开具检修维护工作票并进行风险辨识	
4		2. 未结合现场实际进行风险辨识，导致人员伤害	15	10	0.1	15	四级	风险辨识要结合现场实际，禁止极端天气对室外除尘器进行检修	
5		3. 风险辨识有遗漏，导致人员伤害	15	10	0.1	15	四级	根据工作环境的变化完善辨识内容	
6		4. 未明确作业责任人，未确定互联互保人员，导致人员伤害	15	10	0.1	15	四级	指定作业负责人和互联互保人员	
7		5. 未掌握作业时的风险，导致人员伤害	15	10	0.1	15	四级	抽查作业人员对存在的风险和相关防控措施的掌握情况	
8		6. 不清楚风险的防控措施，导致人员伤害	15	10	0.1	15	四级	对照口袋卡及作业任务中存在的风险手指口述逐项进行提示提醒	
9		7. 未和生产单位联系，未进行停机确认，导致人员伤害	15	10	0.1	15	四级	及时联系生产单位，对讲机保持畅通，停机挂牌上锁，切断能量介质，设专人监护	

续表

序号	主要操作步骤	存在的风险	风险等级分析					主要防控措施	备注
			后果	暴露	可能性	风险值	风险等级		
10	检查工器具	1. 使用有缺陷的钳子、扳手、改锥、手锤，使用过程中发生卡靠不牢，发力时易导致人员磕碰	25	2	0.5	25	四级	作业前检查钳子、扳手、改锥、手锤是否安全、可靠，及时更换不合格工器具	
11		2. 使用有缺陷的吊带、手拉葫芦，易发生配件掉落，砸伤周围作业人员	25	2	0.5	25	四级	作业前检查吊带、手拉葫芦是否破损、断股及其承受吨位，不合格的应及时更换，起拉过程中人员应撤离	
12		3. 使用有缺陷的撬棍、液压拉马、千斤顶，使用过程中易发生工器具故障，造成人员磕碰	25	2	0.5	25	四级	作业前检查工器具是否变形、开裂，液压失效是否安全、可靠，及时更换不合格工器具	
13		4. 叉车、天车特种设备存在缺陷，被吊运物品掉落，导致人员伤害	25	2	0.5	25	四级	作业前进行试车确认，作业过程中认真执行“十不吊”	
14	停送电	1. 设备未断电，人员因误操作启动设备，导致人员受到机械伤害；停错电，造成检修人员触电	25	2	3	150	三级	确认停电位置，两人作业相互确认，停电后进行验电，确认无电并挂牌上锁后方可进行其他作业	

续表

序号	主要操作步骤	存在的风险	风险等级分析					主要防控措施	备注
			后果	暴露	可能性	风险值	风险等级		
15	能量现场隔离	1. 检修隔离不到位，现场易燃品被引燃	25	2	0.5	25	四级	检修前工作负责人、工作许可人现场共同确认隔离措施是否安全、可靠，确认无其他易燃物或者其他杂物后再进行现场检修	
16		2. 检修过程中的振动使高处具有势能的物品掉落，造成人员受伤	25	2	0.5	25	四级	对可能掉落的物品、设备设施进行能量隔离，进行停机断电，或者把高处物品放到检修同一水平面内	
17	卫生清理作业	1. 作业过程中人员站位不当，造成伤害	25	2	1	50	四级	（1）人员站位确认后，相互提醒监督 （2）打扫时注意身边和脚下的环境 （3）作业过程中检修人员动作平稳缓慢 （4）作业过程中作业人员全程系挂好五点式双钩安全带	
18		2. 作业人员易滑到、绊倒，造成伤害	25	2	1	50	四级	（1）铺设检修标准化作业毯 （2）作业前及时清理脚底油污 （3）工器具放置平稳，作业时正确使用、放置工器具	
19	工完场清	1. 未停机进行清扫，易发生机械伤害事故	15	1	3	45	四级	清扫时要确认设备设施处于非运转状态，或人员站在安全位置	
20		2. 粉尘较大，易影响人员健康	15	3	1	45	四级	作业时佩戴好劳动保护用品	
21		3. 在导杆下方清扫，易发生打击伤害	15	3	1	45	四级	确认悬链停止运行且人员站位安全、可靠后再进行卫生清扫	
22		4. 现场未清理散落的物料，造成设备短路故障	15	3	1	45	四级	作业结束后及时清理杂物，作业负责人进行检查确认	

续表

序号	主要操作步骤	存在的风险	风险等级分析					主要防控措施	备注
			后果	暴露	可能性	风险值	风险等级		
23	工完场清	5. 金属工器具未收走，设备启动时造成设备故障	15	3	1	45	四级	作业结束后清点工器具，确保工器具全部被带出	
24		6. 未清点作业人员，启动设备导致滞留人员伤亡	15	3	1	45	四级	作业结束后清点人数，确保人员全部安全撤离	
25	送电试车	1. 送电时未确认负荷，导致人员伤害	25	1	3	75	三级	(1) 送电前，确认负荷已切断 (2) 送电时，作业人员穿戴好绝缘手套和绝缘鞋	
26		2. 试车过程中检修人员站位不合理，发生人员伤害	50	1	1	50	四级	人员站在安全位置	

表 3.22　一般机械检修作业安全风险辨识及防控措施一览表

序号	主要操作步骤	存在的风险	风险等级分析					主要防控措施	备注
			后果	暴露	可能性	风险值	风险等级		
1	作业前检查人员状态和劳动保护用品穿戴情况	1. 作业人员班前喝酒、身体不适、精神状态不好等，可能导致作业过程中注意力不集中	15	10	0.1	15	四级	作业前，作业负责人检查作业人员是否酒后上岗，询问身体是否不适，观察精神状态，确认良好后方可作业	
2		2. 未按规定着装（工作服、劳保鞋、安全帽、防尘口罩、防护面罩等），可能导致烫伤	15	10	0.1	15	四级	作业前，确保工作服穿着做到“三紧”、劳保鞋鞋带系好、安全帽下颏带系好、防尘口罩戴好	

续表

序号	主要操作步骤	存在的风险	风险等级分析					主要防控措施	备注
			后果	暴露	可能性	风险值	风险等级		
3	作业前风险辨识	1. 未开展风险辨识，导致人员伤害	15	10	0.1	15	四级	每次作业前要开具检修维护工作票并进行风险辨识	
4		2. 未结合现场实际进行风险辨识，导致人员伤害	15	10	0.1	15	四级	风险辨识要结合现场实际，禁止极端天气对室外除尘器进行检修	
5		3. 风险辨识有遗漏，导致人员伤害	15	10	0.1	15	四级	根据工作环境的变化完善辨识内容	
6		4. 未明确作业责任人，未确定互联互保人员，导致人员伤害	15	10	0.1	15	四级	指定作业负责人和互联互保人员	
7		5. 未掌握作业时的风险，导致人员伤害	15	10	0.1	15	四级	抽查作业人员对存在的风险和相关防控措施的掌握情况	
8		6. 不清楚风险的防控措施，导致人员伤害	15	10	0.1	15	四级	对照口袋卡及作业任务中存在的风险手指口述逐项进行提示提醒	
9		7. 未和生产单位联系，未进行停机确认，导致人员伤害	15	10	0.1	15	四级	及时联系生产单位，对讲机保持畅通，停机挂牌上锁，切断能量介质，设专人监护	
10	检查工器具	1. 使用有缺陷的钳子、扳手、改锥、手锤，使用过程中发生卡靠不牢，发力时易导致人员磕碰	25	2	0.5	25	四级	作业前检查钳子、扳手、改锥、手锤是否安全、可靠，及时更换不合格工器具	
11		2. 使用有缺陷的吊带、手拉葫芦，易发生配件掉落，砸伤周围作业人员	25	2	0.5	25	四级	作业前检查吊带、手拉葫芦是否破损、断股及其承受吨位，不合格的应及时更换，起拉过程中人员应撤离	
12		3. 使用有缺陷的撬棍、液压拉马、千斤顶，使用过程中易发生工器具故障，造成人员磕碰	25	2	0.5	25	四级	作业前检查工器具是否变形、开裂，液压失效是否安全、可靠，及时更换不合格工器具	
13		4. 叉车、天车特种设备存在缺陷，被吊运物品掉落，导致人员伤害	25	2	0.5	25	四级	作业前进行试车确认，作业过程中认真执行“十不吊”	

续表

序号	主要操作步骤	存在的风险	风险等级分析					主要防控措施	备注
			后果	暴露	可能性	风险值	风险等级		
14	停送电	1. 设备未断电，人员因误操作启动设备，导致人员受到机械伤害；停错电，造成检修人员触电	25	2	3	150	三级	确认停电位置，两人作业相互确认，停电后进行验电，确认无电并挂牌上锁后方可进行其他作业	
15	泄压	1. 设备未泄压，拆除时发生油管或液压装置喷油伤人	25	2	0.5	25	四级	确认停机的同时对压力显示装置进行检查，确认无压后方可进行工作	
16		2. 未使用手动泄压装置泄压，作业时，液压、气动站装置失效，油路或气管伤人	25	2	0.5	25	四级	液压缸或气缸或电磁阀在进行作业时，要在确认泄压后方可作业	
17	能量现场隔离	1. 检修隔离不到位，现场易燃品被引燃	25	2	0.5	25	四级	检修前工作负责人、工作许可人现场共同确认隔离措施是否安全、可靠，确认无其他易燃物或者其他杂物后再进行现场检修	
18		2. 检修过程中的振动使高处具有势能的物品掉落，造成人员受伤	25	2	0.5	25	四级	对可能掉落的物品、设备设施进行能量隔离，进行停机断电，或者把高处物品放到检修同一水平面内	
19	气焊	1. 使用的气瓶爆炸，造成人员伤害	25	2	0.5	25	四级	(1) 气瓶由专车运输，不得放倒推行 (2) 安排人员经常在现场进行巡查	
20		2. 使用有缺陷的割枪、压力表、回火器，使用过程中发生漏气起火	25	2	0.5	25	四级	作业前检查割枪、压力表、回火器是否安全、可靠，气割现场放置灭火器	
21		3. 切割变形的钢材时发生应力释放，造成钢材反弹，导致人员受伤或设备损坏	50	2	1	100	三级	作业前提前消除应力或在合理安全位置处进行作业	
22		4. 切割的铁屑烫伤人员	25	2	0.5	25	四级	作业时，规范穿戴劳动保护用品	

续表

序号	主要操作步骤	存在的风险	风险等级分析					主要防控措施	备注
			后果	暴露	可能性	风险值	风险等级		
23	电焊	1. 使用有缺陷的焊把，易发生触电事故	25	2	0.5	25	四级	作业前检查焊把，及时更换损坏的焊把及把线	
24		2. 场地有油污，易发生火灾	25	2	0.5	25	四级	作业前清理场地，并配备可靠的灭火器	
25		3. 因高空坠物、空间狭小，易造成物体打击伤害	25	2	0.5	25	四级	作业人员确认安全站位	
26		4. 绝缘不良，导致人员易触电	25	2	0.5	25	四级	作业前对焊机进行绝缘测试，作业人员做好绝缘措施	
27		5. 作业人员被电焊弧光灼伤眼睛，焊屑烫伤作业人员	25	2	0.5	25	四级	作业时规范使用焊帽及电焊眼镜，规范穿戴劳动保护用品	
28		6. 焊接时随意搭接地线，使得搭接处打火	25	2	0.5	25	四级	规范二次回路线路的使用	
29	使用角磨机、切割锯、无齿锯等电动工器具进行切割	1. 不安全的站位易造成人身伤害	50	2	0.5	50	四级	确保安全距离及站位安全、可靠	
30		2. 砂轮片、锯片易碎，导致人员伤害	50	2	0.5	50	四级	（1）使用电动工器具时，戴好防护面罩，确保工器具防护罩完好 （2）对所用砂轮片进行检查，确保其无缺陷后再使用	
31		3. 违规使用电动工器具，导致人员伤害	50	2	0.5	50	四级	（1）必须使用经检验合格的工器具 （2）使用前检查工器具的电源线和外壳是否有损坏 （3）使用带漏电保护器的电源和Ⅱ、Ⅲ类电动工器具	

续表

序号	主要操作步骤	存在的风险	风险等级分析					主要防控措施	备注
			后果	暴露	可能性	风险值	风险等级		
32	检修轴承、轴、滚筒	1. 因为安装、搬运方式不合理或人员力量不足，用手代替工器具，造成挤伤或砸伤肢体	50	2	0.5	50	四级	正确穿戴好劳动保护用品，人员在安装和拆除螺栓时，严禁用手和脚代替工器具	
33		2. 作业空间狭小，螺栓拆取安装时容易碰到滚筒或轴，造成人员擦伤或者划伤	50	2	0.5	50	四级	拆取安装螺栓时戴好防护手套，对设备设施尖锐面提前进行包裹钝化处理	
34		3. 使用吊链两侧吊运滚筒时，人员相互配合不协调，造成人员磕碰	50	2	0.5	50	四级	使用吊链作业时，至少三人作业，两侧人员协调作业，一人进行专人指挥监护，存在一侧歪斜及时调整，严禁肢体放置在设备设施下方	
35		4. 地面作业工器具凌乱，造成作业人员磕碰	50	2	0.5	50	四级	现场按照标准化检修进行，将工器具和拆除的备件放置到指定位置	
36	制作工件	1. 切割物件时物件表面锋利且带有高温，导致人员划伤、烫伤	25	2	0.5	25	四级	作业时人员远离尖锐面和高温面，在必须进行的作业范围内做好防护	
37		2. 焊接物件时工件表面温度高，易烫伤人员，或工件因焊接面不牢固而掉落，导致人员受伤	25	2	0.5	25	四级	作业时人员远离高温工件，焊接时及时检查焊缝的牢固性	
38		3. 工件在车辆运输过程中滑落，导致工件损坏，或工件在天车吊运过程中发生掉落，导致工件损坏或伤人	25	2	0.5	25	四级	在运输、安装工件前先进行测试，易滑落面做好防护，人员站在安全位置	

续表

序号	主要操作步骤	存在的风险	风险等级分析					主要防控措施	备注
			后果	暴露	可能性	风险值	风险等级		
39	更换油缸或气缸	1. 拆除中小型物件时物件表面有油渍，造成滑落伤人或挤手	50	2	0.5	50	四级	拆除物件时作业人员站在安全位置，佩戴防护手套进行搬运	
40		2. 使用吊具吊运时用手对位，造成作业人员挤伤	50	2	0.5	50	四级	吊运更换设备时，严禁用手垫或者用手代替工器具作业	
41		3. 作业区域油污大，污染环境，造成作业人员滑倒	50	2	0.5	50	四级	及时清理油污大的区域	
42		4. 作业环境狭小，存在磕碰作业人员的风险	50	2	0.5	50	四级	穿戴好劳动保护用品，防止磕碰	
43		5. 使用气动工器具拆卸紧固件时发生滑脱伤人	50	2	0.5	50	四级	使用工器具拆装紧固件或连接件时，当工件脱离设备或回装时，要把工器具表面的油污擦掉	
44		6. 动用电气焊作业时，现场易着火	50	2	0.5	50	四级	现场动用电气焊作业时，要配备灭火器，同时要用隔火装置做防护，防止着火	
45	维护或更换管路，更换清洗阀组	1. 对液压油管进行电气焊时引燃管路	25	2	0.5	25	四级	作业前把管路内的油放到接油装置内，并远离明火源	
46		2. 场地有油污，易发生火灾	25	2	0.5	25	四级	及时清理现场内的油污并配备灭火器	
47		3. 阀件清洗时油污污染环境，狭小空间易发生磕碰和滑脱	25	2	0.5	25	四级	清洗阀件时，使用专用的清理容器盛放清洗液，在狭小空间内安装时，防止脚下侧滑和肢体磕碰	

续表

序号	主要操作步骤	存在的风险	风险等级分析					主要防控措施	备注
			后果	暴露	可能性	风险值	风险等级		
48	液压站更换油	1. 使用抽油机更换油，管路存在漏油时会污染环境	50	2	0.5	50	四级	检查加油机各处连接是否安全、可靠	
49		2. 清理液压缸内部时，因空间狭小易导致肢体磕碰，同时可能发生人员窒息	50	2	0.5	50	四级	在狭小空间内作业时也穿戴好劳动保护用品，使用气体检测装置进行检测，同时设专人监护	
50		3. 使用油桶或加油机补油时，油管摆动或油品洒落，造成环境污染	50	2	0.5	50	四级	补油时使用加油机加油，作业人员抓扶好油管，使用油桶加油时扶好油桶，防止掉落	
51	更换泵及电机	1. 拆除时本体掉落，挤伤或砸伤作业人员	50	2	0.5	50	四级	拆除物件时作业人员站在安全位置，穿戴好劳动保护用品，防止磕碰	
52		2. 搬运或吊运、叉运设备时发生掉落，导致伤人或损坏设备	50	2	0.5	50	四级	吊运更换设备时，严禁用手垫或者用手代替工器具作业，设备运输时人员站在安全距离	
53		3. 拆除、安装联轴器时，工器具滑脱伤人	50	2	0.5	50	四级	拆除、安装联轴器时使用专用扳手，在条件不允许的条件下才使用开口扳手，当紧固件难以拆除时，使用松动剂，严禁野蛮作业	
54		4. 联轴器紧固件对位时用手代替工器具，造成肢体挤伤、砸伤	50	2	0.5	50	四级	安装时，严禁用手代替工器具	

续表

序号	主要操作步骤	存在的风险	风险等级分析					主要防控措施	备注
			后果	暴露	可能性	风险值	风险等级		
55	更换安装备件溜槽及衬板	1. 气焊拆除工件时，人员站位不当，易发生工件掉落伤人或高温的铁屑烫坏设备	50	2	0.5	50	四级	作业时人员站在安全位置，存在烫坏设备的风险时，使用石棉布做好防护	
56		2. 更换中小型备件时使用吊钩或搬运滑脱，造成人员挤手	50	2	0.5	50	四级	作业时人员协调动作，手、脚、肢体严禁垫在物件下方	
57		3. 安装或焊接备件时，发生挤伤、磕碰	50	2	0.5	50	四级	在安装备件时，严禁用手代替工器具进行作业	
58	试车	1. 密封不到位，导致四处漏油	25	2	0.5	25	四级	作业时人员远离尖锐面和高温面，在必须进行的作业范围内做好防护	
59		2. 焊接物件时工件表面温度高，易烫伤人员，或工件因焊接面不牢固而掉落，导致人员受伤	25	2	0.5	25	四级	作业时人员远离高温工件，焊接时及时检查焊缝的牢固性	
60		3. 工件在车辆运输过程中滑落，导致工件损坏，或工件在天车吊运过程中发生掉落，导致工件损坏或伤人	25	2	0.5	25	四级	在运输、安装工件前先进行测试，易滑落面做好防护，人员站在安全位置	
61	清扫卫生	1. 未停机进行清扫，易发生机械伤害事故	15	1	3	45	四级	清扫卫生时要确认设备设施处于非运转状态，或人员站在安全位置	
62		2. 粉尘较大，易导致人员患职业病	15	3	1	45	四级	作业时佩戴好劳动保护用品	
63		3. 在导杆下方清扫卫生，易发生打击伤害	15	3	1	45	四级	在确认悬链停止运行且人员站位安全、可靠后再进行卫生清扫	

表 3.23　一般电气检修作业安全风险辨识及防控措施一览表

序号	主要操作步骤	存在的风险	风险等级分析					主要防控措施	备注
			后果	暴露	可能性	风险值	风险等级		
1	作业前检查人员状态和劳动保护用品穿戴情况	1. 作业人员班前喝酒、身体不适、精神状态不好等，可能导致作业过程中注意力不集中	15	10	0.1	15	四级	作业前，作业负责人检查作业人员是否酒后上岗，询问身体是否不适，观察精神状态，确认良好后方可作业	
2		2. 未按规定着装（工作服、劳保鞋、安全帽、防尘口罩、防护面罩等），可能导致烫伤	15	10	0.1	15	四级	作业前，确保工作服穿着做到“三紧”、劳保鞋鞋带系好、安全帽下颏带系好、防尘口罩戴好	
3	作业前风险辨识	1. 未开展风险辨识，导致人员伤害	15	10	0.1	15	四级	每次作业前要开具检修维护工作票并进行风险辨识	
4		2. 未结合现场实际进行风险辨识，导致人员伤害	15	10	0.1	15	四级	风险辨识要结合现场实际，禁止极端天气对室外除尘器进行检修	
5		3. 风险辨识有遗漏，导致人员伤害	15	10	0.1	15	四级	根据工作环境的变化完善辨识内容	
6		4. 未明确作业责任人，未确定互联互保人员，导致人员伤害	15	10	0.1	15	四级	指定作业负责人和互联互保人员	
7		5. 未掌握作业时的风险，导致人员伤害	15	10	0.1	15	四级	抽查作业人员对存在的风险和相关防控措施的掌握情况	
8		6. 不清楚风险的防控措施，导致人员伤害	15	10	0.1	15	四级	对照口袋卡及作业任务中存在的风险手指口述逐项进行提示提醒	
9		7. 未和生产单位联系，未进行停机确认，导致人员伤害	15	10	0.1	15	四级	及时联系生产单位，对讲机保持畅通，停机挂牌上锁，切断能量介质，设专人监护	

续表

序号	主要操作步骤	存在的风险	风险等级分析					主要防控措施	备注
			后果	暴露	可能性	风险值	风险等级		
10	停送电	1. 设备未断电，人员因误操作启动设备，导致人员受到机械伤害；停错电，造成检修人员触电	25	2	3	150	三级	确认停电位置，两人作业相互确认，停电后进行验电，确认无电并挂牌上锁后方可进行其他作业	
11	电缆铺设	1. 在高处桥架上拖运电缆，有人员或工器具高处坠落的风险	25	2	0.5	25	四级	高处作业时必须系挂好安全带	
12		2. 管网井内的拖运人员有窒息的风险	25	2	0.5	25	四级	进入有限空间后，必须按照有限空间内“先通风—再检测—后作业”的原则进行作业	
13		3. 铺设时拖拽不当，电缆外壳绝缘破损，导致人员触电	25	2	0.5	25	四级	作业人员拖拽电缆时防止破坏其外壳绝缘，穿电工鞋，戴电工手套	
14		4. 配电室到现场柜未断电，导致人员触电	25	2	3	150	三级	由工作负责人确认断电并上锁挂牌后方可进行作业	
15	更换电气元件	1. 未断电就拆除电气元件，导致人员触电	50	2	0.5	50	四级	确认断电后再进行电气元件的拆除工作	
16		2. 更换时未确认线号，造成电路板或其他电气元件损坏	50	2	0.5	50	四级	确认线号后再进行更换	
17		3. 未定期对电气元件进行吹灰及紧固，导致电气元件有发热着火的风险	50	2	0.5	50	四级	定期吹灰，防止电气元件发热着火	
18	试车	1. 试车前人员未撤至安全距离，易发生人员伤害	25	2	0.5	25	四级	试车时及时告知周围人员，待人员撤离至安全位置后方可试车	

表 3.24 悬链检修作业安全风险辨识及防控措施一览表

序号	主要操作步骤	存在的风险	风险等级分析					主要防控措施	备注
			后果	暴露	可能性	风险值	风险等级		
1	作业前检查人员状态和劳动保护用品穿戴情况	1. 作业人员班前喝酒、身体不适、精神状态不好等，可能导致作业过程中注意力不集中	15	10	0.1	15	四级	作业前，作业负责人检查作业人员是否酒后上岗，询问身体是否不适，观察精神状态，确认良好后方可作业	
2		2. 未按规定着装（工作服、劳保鞋、安全帽、防尘口罩、防护面罩等），可能导致烫伤	15	10	0.1	15	四级	作业前，确保工作服穿着做到“三紧”、劳保鞋鞋带系好、安全帽下颏带系好、防尘口罩戴好	
3	作业前风险辨识	1. 未开展风险辨识，导致人员伤害	15	10	0.1	15	四级	每次作业前要开具检修维护工作票并进行风险辨识	
4		2. 未结合现场实际进行风险辨识，导致人员伤害	15	10	0.1	15	四级	风险辨识要结合现场实际，禁止极端天气对室外除尘器进行检修	
5		3. 风险辨识有遗漏，导致人员伤害	15	10	0.1	15	四级	根据工作环境的变化完善辨识内容	
6		4. 未明确作业责任人，未确定互联互保人员，导致人员伤害	15	10	0.1	15	四级	指定作业负责人和互联互保人员	
7		5. 未掌握作业时的风险，导致人员伤害	15	10	0.1	15	四级	抽查作业人员对存在的风险和相关防控措施的掌握情况	
8		6. 不清楚风险的防控措施，导致人员伤害	15	10	0.1	15	四级	对照口袋卡及作业任务中存在的风险手指口述逐项进行提示提醒	
9		7. 未和生产单位联系，未进行停机确认，导致人员伤害	15	10	0.1	15	四级	及时联系生产单位，对讲机保持畅通，停机挂牌上锁，切断能量介质，设专人监护	

续表

序号	主要操作步骤	存在的风险	风险等级分析					主要防控措施	备注
			后果	暴露	可能性	风险值	风险等级		
10	检查工器具	1. 使用有缺陷的钳子、扳手、改锥、手锤，使用过程中发生卡靠不牢，发力时易导致人员磕碰	25	2	0.5	25	四级	作业前检查钳子、扳手、改锥、手锤是否安全、可靠，及时更换不合格工器具	
11		2. 使用有缺陷的吊带、手拉葫芦，易发生配件掉落，砸伤周围作业人员	25	2	0.5	25	四级	作业前检查吊带、手拉葫芦是否破损、断股及其承受吨位，不合格的应及时更换，起拉过程中人员应撤离	
12		3. 使用有缺陷的撬棍、液压拉马、千斤顶，使用过程中易发生工器具故障，造成人员磕碰	25	2	0.5	25	四级	作业前检查工器具是否变形、开裂，液压是否安全、可靠，及时更换不合格工器具	
13	停送电	1. 设备未断电，人员因误操作启动设备，导致人员受到机械伤害；停错电，造成检修人员触电	25	2	3	150	三级	确认停电位置，两人作业相互确认，停电后进行验电，确认无电并挂牌上锁后方可进行其他作业	
14	气焊	1. 使用的气瓶爆炸，造成人员伤害	25	2	0.5	25	四级	（1）气瓶由专车运输，不得放倒推行 （2）安排人员经常在现场进行巡查	
15		2. 使用有缺陷的割枪、压力表、回火器，使用过程中发生漏气起火	25	2	0.5	25	四级	作业前检查割枪、压力表、回火器是否安全、可靠，气割现场放置灭火器	

续表

序号	主要操作步骤	存在的风险	风险等级分析					主要防控措施	备注
			后果	暴露	可能性	风险值	风险等级		
16	电焊	1. 使用有缺陷的焊把，易发生触电事故	25	2	0.5	25	四级	作业前检查焊把，及时更换损坏的焊把及把线	
17		2. 场地有油污，易发生火灾	25	2	0.5	25	四级	作业前清理场地，并配备可靠的灭火器	
18		3. 因高空坠物、空间狭小，易造成物体打击伤害	25	2	0.5	25	四级	作业人员确认安全站位	
19	更换链条	1. 配件沉重，在其搬运安装过程中易砸伤人员	25	2	0.5	25	四级	搬运时抓好扶手	
20	更换停止器、止退器	1. 作业位置离地 6 m，人员未拿稳配件，易砸伤人员	15	6	0.5	45	四级	作业下方设专人监护，并设置隔离区域	
21		2. 高空坠物，易造成物体打击伤害	15	6	0.5	45	四级	作业人员确认安全站位，并设置隔离区域	
22	更换光轮	1. 叉车叉运光轮时可能发生光轮掉落，导致人员伤害	25	2	0.5	25	四级	人员站在安全距离外	
23		2. 使用吊链辅助拆卸光轮时可能发生光轮掉落，导致人员伤害	25	2	0.5	25	四级	(1) 作业前检查吊链 (2) 作业时绑好新光轮，防止其掉落； (3) 设专人指挥，人员站在安全位置	
24		3. 高处作业可能会发生人员跌落	25	2	0.5	25	四级	使用工器具车或在平台内更换光轮，需要系挂好安全带	

续表

序号	主要操作步骤	存在的风险	风险等级分析					主要防控措施	备注
			后果	暴露	可能性	风险值	风险等级		
25	更换排滚	1. 高处作业时，有人员高处坠落的风险	25	2	0.5	25	四级	使用工器具车或在平台内更换排滚，需要系挂好安全带	
26		2. 安装拆除时扳手没卡紧，若滑脱，造成人员碰伤	25	2	0.5	25	四级	卡紧扳手后再开始作业，不得野蛮作业	
27	检修钟罩	1. 安装或拆除螺栓时扳手没卡紧，若滑脱，造成人员碰伤	25	2	0.5	25	四级	卡紧扳手后再开始作业，不得野蛮作业	
28		2. 使用气焊将变形链条割除，可能灼伤作业人员	25	2	0.5	25	四级	穿戴好劳动保护用品	
29		3. 使用电焊，可能导致触电	25	2	0.5	25	四级	穿戴好劳动保护用品	
30	更换轨道	1. 使用气焊将旧轨道割除，可能灼伤作业人员	50	2	0.5	50	四级	穿戴好劳动保护用品	
31		2. 使用吊链吊运槽钢，可能发生掉落伤人	50	2	0.5	50	四级	（1）作业前检查吊链 （2）作业时捆绑好轨道，防止其掉落伤人 （3）设专人指挥，人员站在安全位置	
32		3. 使用电焊，可能导致触电	50	2	0.5	50	四级	穿戴好劳动保护用品	
33	试车	1. 试车前人员未撤离至安全距离，易发生机械伤害	25	2	0.5	25	四级	试车时及时告知周围人员，确保人员撤离至安全位置后再试车	
34	工完场清	1. 作业完成后未清场，有工器具遗留，待设备启动时易致设备损伤	25	2	0.5	25	四级	作业负责人跟踪检查确认，做到现场无遗留，使用扫把、铁锹清理现场卫生，将工具器擦拭干净并将其放置至指定地点	

表 3.25　磷铁压脱机检修作业安全风险辨识及防控措施一览表

序号	主要操作步骤	存在的风险	风险等级分析					主要防控措施	备注
			后果	暴露	可能性	风险值	风险等级		
1	作业前检查人员状态和劳动保护用品穿戴情况	1. 作业人员班前喝酒、身体不适、精神状态不好等，可能导致作业过程中注意力不集中	15	10	0.1	15	四级	作业前，作业负责人检查作业人员是否酒后上岗，询问身体是否不适，观察精神状态，确认良好后方可作业	
2		2. 未按规定着装（工作服、劳保鞋、安全帽、防尘口罩、防护面罩等），可能导致烫伤	15	10	0.1	15	四级	作业前，确保工作服穿着做到“三紧”、劳保鞋鞋带系好、安全帽下颏带系好、防尘口罩戴好	
3	作业前风险辨识	1. 未开展风险辨识，导致人员伤害	15	10	0.1	15	四级	每次作业前要开具检修维护工作票并进行风险辨识	
4		2. 未结合现场实际进行风险辨识，导致人员伤害	15	10	0.1	15	四级	风险辨识要结合现场实际，禁止极端天气对室外除尘器进行检修	
5		3. 风险辨识有遗漏，导致人员伤害	15	10	0.1	15	四级	根据工作环境的变化完善辨识内容	
6		4. 未明确作业责任人，未确定互联互保人员，导致人员伤害	15	10	0.1	15	四级	指定作业负责人和互联互保人员	
7		5. 未掌握作业时的风险，导致人员伤害	15	10	0.1	15	四级	抽查作业人员对存在的风险和相关防控措施的掌握情况	
8		6. 不清楚风险的防控措施，导致人员伤害	15	10	0.1	15	四级	对照口袋卡及作业任务中存在的风险手指口述逐项进行提示提醒	
9		7. 未和生产单位联系，未进行停机确认，导致人员伤害	15	10	0.1	15	四级	及时联系生产单位，对讲机保持畅通，停机挂牌上锁，切断能量介质，设专人监护	

续表

序号	主要操作步骤	存在的风险	风险等级分析					主要防控措施	备注
			后果	暴露	可能性	风险值	风险等级		
10	检查工器具	1. 使用有缺陷的工器具，易导致作业人员受到磕碰、打击、挤压等伤害	25	2	0.5	25	四级	作业前检查钳子、扳手、改锥、手锤是否安全、可靠，及时更换不合格工器具	
11		2. 使用有缺陷的吊带、手拉葫芦，易发生被吊运物品的跌落，砸伤周围作业人员	25	2	0.5	25	四级	作业前检查吊带、手拉葫芦是否破损、断股及其承受吨位，不合格的应及时更换，起拉过程中人员应撤离	
12		3. 使用有缺陷的撬棍、液压拉马、千斤顶，使用过程中易发生工器具故障，造成人员磕碰	25	2	0.5	25	四级	作业前检查工器具是否变形、开裂，液压失效是否安全、可靠，及时更换不合格工器具	
13	停送电	1. 设备未断电，人员因误操作启动设备，导致人员受到机械伤害；停错电，造成检修人员触电	25	2	3	150	三级	确认停电位置，两人作业相互确认，停电后进行验电，确认无电并挂牌上锁后方可进行其他作业	
14	更换钳口	1. 作业空间狭小，拆除、紧固螺丝时，作业人员容易发生磕碰	25	2	0.5	25	四级	戴好防护手套，严禁野蛮作业	
15		2. 配件沉重，拆除过程中易掉落，导致砸伤人员	25	2	0.5	25	四级	一人拆除，另一人托举，互相配合作业	
16		3. 安装钳口时，人员托举对准安装，因光线较差容易造成手指挤伤	25	2	0.5	25	四级	作业监护人员打开手电筒照明，指挥作业人员进行安全作业	

续表

序号	主要操作步骤	存在的风险	风险等级分析					主要防控措施	备注
			后果	暴露	可能性	风险值	风险等级		
17	检修磷铁环清洗滚筒	1. 配件沉重，拆除过程中易掉落，导致砸伤人员	25	2	0.5	25	四级	一人拆除，另一人托举，互相配合作业	
18		2. 拖轮组件沉重，更换时容易砸伤人员	25	2	0.5	25	四级	两人配合作业，抬运时设专人指挥	
19		3. 下料管道拆除、安装使用吊链时，若吊链未系挂好，会造成管道掉落，导致砸伤人员	25	2	0.5	25	四级	确认吊链系挂好后再进行作业，被吊运物品下方不得站人	
20	更换冲头	1. 冲头拆除、安装使用吊链时，若吊链未系挂好，会造成管道掉落，导致砸伤人员	25	2	0.5	25	四级	确认吊链系挂好后再进行作业，被吊运物品下方不得站人	
21		2. 安装对位时容易挤伤手指	25	2	0.5	25	四级	安排专人指挥作业人员对位安装	
22		3. 拆除时遇到卡住的话，需要使用撬棍，可能因滑脱而打伤作业人员	25	2	0.5	25	四级	使用撬棍时要对准位置，安全缓慢作业，不得野蛮作业	
23	更换导杆定位装置	1. 因作业空间狭小人员只能侧身作业，易发生磕碰	25	2	0.5	25	四级	一人作业，另一人监护，注意磕碰	
24		2. 焊接作业时易发生烫伤	25	2	0.5	25	四级	戴好焊工手套、防护面罩，规范穿着工作服	
25		3. 定位架拆除、安装使用吊链时，若吊链未系挂好，会造成掉落，导致砸伤人	25	2	0.5	25	四级	确认吊链系挂好后再进行作业，被吊运物品下方不得站人	

续表

序号	主要操作步骤	存在的风险	风险等级分析					主要防控措施	备注
			后果	暴露	可能性	风险值	风险等级		
26	更换推车机抱臂	1. 作业位置离地 3 m，人员站立空间狭小，易发生坠落	5	1	1	5	四级	系挂好安全带，两人作业互相监护	
27		2. 高空坠物，导致人员受到物体打击	5	1	1	5	四级	作业人员确认安全站位，安排专人监护	
28		3. 使用气焊，造成人员灼伤	5	1	1	5	四级	穿戴好劳动保护用品	
29		4. 抱臂拆除、安装使用吊链时，若吊链未系挂好，会造成掉落，导致砸伤人员	5	1	1	5	四级	确认吊链系挂好后再进行作业，被吊运物品下方不得站人	
30	试车	1. 试车前人员未撤离至安全距离，易发生机械伤害	15	6	0.5	45	四级	试车时及时告知周围人员，待人员撤离至安全位置后再试车	

表 3.26　残极压脱机检修作业安全风险辨识及防控措施一览表

序号	主要操作步骤	存在的风险	风险等级分析					主要防控措施	备注
			后果	暴露	可能性	风险值	风险等级		
1	作业前检查人员状态和劳动保护用品穿戴情况	1. 作业人员班前喝酒、身体不适、精神状态不好等，可能导致作业过程中注意力不集中	15	10	0.1	15	四级	作业前，作业负责人检查作业人员是否酒后上岗，询问身体是否不适，观察精神状态，确认良好后方可作业	
2		2. 未按规定着装（工作服、劳保鞋、安全帽、防尘口罩、防护面罩等），可能导致烫伤	15	10	0.1	15	四级	作业前，确保工作服穿着做到“三紧”、劳保鞋鞋带系好、安全帽下颏带系好、防尘口罩戴好	

续表

序号	主要操作步骤	存在的风险	风险等级分析					主要防控措施	备注
			后果	暴露	可能性	风险值	风险等级		
3	作业前风险辨识	1. 未开展风险辨识，导致人员伤害	15	10	0.1	15	四级	每次作业前要开具检修维护工作票并进行风险辨识	
4		2. 未结合现场实际进行风险辨识，导致人员伤害	15	10	0.1	15	四级	风险辨识要结合现场实际，禁止极端天气对室外除尘器进行检修	
5		3. 风险辨识有遗漏，导致人员伤害	15	10	0.1	15	四级	根据工作环境的变化完善辨识内容	
6		4. 未明确作业责任人，未确定互联互保人员，导致人员伤害	15	10	0.1	15	四级	指定作业负责人和互联互保人员	
7		5. 未掌握作业时的风险，导致人员伤害	15	10	0.1	15	四级	抽查作业人员对存在的风险和相关防控措施的掌握情况	
8		6. 不清楚风险的防控措施，导致人员伤害	15	10	0.1	15	四级	对照口袋卡及作业任务中存在的风险手指口述逐项进行提示提醒	
9		7. 未和生产单位联系，未进行停机确认，导致人员伤害	15	10	0.1	15	四级	及时联系生产单位，对讲机保持畅通，停机挂牌上锁，切断能量介质，设专人监护	
10	检查工器具	1. 使用有缺陷的工器具，易导致作业人员受到磕碰、打击、挤压等伤害	25	2	0.5	25	四级	作业前检查钳子、扳手、改锥、手锤是否安全、可靠，及时更换不合格工器具	
11		2. 使用有缺陷的吊带、手拉葫芦，易发生被吊运物品的跌落，砸伤周围作业人员	25	2	0.5	25	四级	作业前检查吊带、手拉葫芦是否破损、断股及其承受吨位，不合格的应及时更换，起拉过程中人员应撤离	
12		3. 使用有缺陷的撬棍、液压拉马、千斤顶，使用过程中易发生工器具故障，造成人员磕碰	25	2	0.5	25	四级	作业前检查工器具是否变形、开裂，液压失效是否安全、可靠，及时更换不合格工器具	

续表

序号	主要操作步骤	存在的风险	风险等级分析					主要防控措施	备注
			后果	暴露	可能性	风险值	风险等级		
13	停送电	1. 设备未断电，人员因误操作启动设备，导致人员受到机械伤害；停错电，造成检修人员触电	25	2	3	150	三级	确认停电位置，两人作业相互确认，停电后进行验电，确认无电并挂牌上锁后方可进行其他作业	
14	更换导杆定位装置	1. 因作业空间狭小，人员只能侧身作业，易发生磕碰	25	2	0.5	25	四级	一人作业，另一人监护，注意磕碰	
15		2. 焊接作业时易发生烫伤	25	2	0.5	25	四级	戴好焊工手套、防护面罩，规范穿着工作服	
16		3. 定位架拆除、安装使用吊链时，若吊链未系挂好，会造成掉落，导致人员砸伤	25	2	0.5	25	四级	确认吊链系挂好后再进行作业，被吊运物品下方不得站人	
17	更换冲头	1. 冲头拆除、安装使用吊链时，若吊链未系挂好，会造成管道掉落，导致人员砸伤	25	2	0.5	25	四级	确认吊链系挂好后再进行作业，被吊运物品下方不得站人	
18		2. 安装对位时容易挤伤手指	25	2	0.5	25	四级	安排专人指挥作业人员对位安装	
19		3. 拆除时遇到卡住的话，需要使用撬棍，可能因滑脱而打伤作业人员	25	2	0.5	25	四级	使用撬棍时要对准位置，安全缓慢作业，不得野蛮作业	

续表

序号	主要操作步骤	存在的风险	风险等级分析					主要防控措施	备注
			后果	暴露	可能性	风险值	风险等级		
20	更换滑道	1. 作业位置离地 2 m，人员站立空间狭小，易发生坠落	25	2	0.5	25	四级	系挂好安全带	
21		2. 焊接作业时易发生烫伤	25	2	0.5	25	四级	戴好焊工手套、防护面罩，规范穿着工作服	
22		3. 作业过程中工器具掉落，导致伤人	25	2	0.5	25	四级	作业位置下方禁止人员站立	
23	试车	1. 试车前人员未撤离至安全距离，易发生机械伤害	25	2	0.5	25	四级	试车时及时告知周围人员，待人员撤离至安全位置后再试车	
24	工完场清	1. 作业完成后未清场，有工器具遗留，设备启动易致工器具坠落，导致人员砸伤	5	1	1	5	四级	作业负责人跟踪检查确认，做到现场无遗留，清理现场卫生，将工具器擦拭干净并将其放置至指定地点	

表 3.27　浇铸系统输送机检修作业安全风险辨识及防控措施一览表

序号	主要操作步骤	存在的风险	风险等级分析					主要防控措施	备注
			后果	暴露	可能性	风险值	风险等级		
1	作业前检查人员状态和劳动保护用品穿戴情况	1. 作业人员班前喝酒、身体不适、精神状态不好等，可能导致作业过程中注意力不集中	15	10	0.1	15	四级	作业前，作业负责人检查作业人员是否酒后上岗，询问身体是否不适，观察精神状态，确认良好后方可作业	
2		2. 未按规定着装（工作服、劳保鞋、安全帽、防尘口罩、防护面罩等），可能导致烫伤	15	10	0.1	15	四级	作业前，确保工作服穿着做到“三紧”、劳保鞋鞋带系好、安全帽下颏带系好、防尘口罩戴好	

续表

序号	主要操作步骤	存在的风险	风险等级分析					主要防控措施	备注
			后果	暴露	可能性	风险值	风险等级		
3	作业前风险辨识	1. 未开展风险辨识，导致人员伤害	15	10	0.1	15	四级	每次作业前要开具检修维护工作票并进行风险辨识	
4		2. 未结合现场实际进行风险辨识，导致人员伤害	15	10	0.1	15	四级	风险辨识要结合现场实际，禁止极端天气对室外除尘器进行检修	
5		3. 风险辨识有遗漏，导致人员伤害	15	10	0.1	15	四级	根据工作环境的变化完善辨识内容	
6		4. 未明确作业责任人，未确定互联互保人员，导致人员伤害	15	10	0.1	15	四级	指定作业负责人和互联互保人员	
7		5. 未掌握作业时的风险，导致人员伤害	15	10	0.1	15	四级	抽查作业人员对存在的风险和相关防控措施的掌握情况	
8		6. 不清楚风险的防控措施，导致人员伤害	15	10	0.1	15	四级	对照口袋卡及作业任务中存在的风险手指口述逐项进行提示提醒	
9		7. 未和生产单位联系，未进行停机确认，导致人员伤害	15	10	0.1	15	四级	及时联系生产单位，对讲机保持畅通，停机挂牌上锁，切断能量介质，设专人监护	
10	检查工器具	1. 使用有缺陷的工器具，易导致作业人员受到磕碰、打击、挤压等伤害	25	2	0.5	25	四级	作业前检查钳子、扳手、改锥、手锤是否安全、可靠，及时更换不合格工器具	
11		2. 使用有缺陷的吊带、手拉葫芦，易发生被吊运物品的跌落，砸伤周围作业人员	25	2	0.5	25	四级	作业前检查吊带、手拉葫芦是否破损、断股及其承受吨位，不合格的应及时更换，起拉过程中人员应撤离	
12		3. 使用有缺陷的撬棍、液压拉马、千斤顶，使用过程中易发生工器具故障，造成人员磕碰	25	2	0.5	25	四级	作业前检查工器具是否变形、开裂，液压失效是否安全、可靠，及时更换不合格工器具	

续表

序号	主要操作步骤	存在的风险	风险等级分析					主要防控措施	备注
			后果	暴露	可能性	风险值	风险等级		
13	停送电	1. 设备未断电，人员因误操作启动设备，导致人员受到机械伤害；停错电，造成检修人员触电	25	2	3	150	三级	确认停电位置，两人作业相互确认，停电后进行验电，确认无电并挂牌上锁后方可进行其他作业	
14	气焊	1. 使用的气瓶爆炸，造成人员伤害	25	2	0.5	25	四级	（1）气瓶由专车运输，不得放倒推行 （2）安排人员经常在现场进行巡查	
15		2. 使用有缺陷的割枪、压力表、回火器，使用过程中发生漏气起火	25	2	0.5	25	四级	作业前检查割枪、压力表、回火器是否安全、可靠，气割现场放置灭火器	
16	电焊	1. 使用有缺陷的焊把，易发生触电事故	25	2	0.5	25	四级	作业前检查焊把，及时更换损坏的焊把及把线	
17		2. 场地有油污，易发生火灾	25	2	0.5	25	四级	作业前清理场地，并配备可靠的灭火器	
18		3. 因高空坠物、空间狭小，易造成物体打击伤害	25	2	0.5	25	四级	作业人员确认安全站位	
19	调节张紧螺丝	1. 因作业空间狭小，人员身体舒展不开，发力或起身过程中易发生磕碰	25	2	0.5	25	四级	一人作业，另一人监护，交替作业	

续表

序号	主要操作步骤	存在的风险	风险等级分析					主要防控措施	备注
			后果	暴露	可能性	风险值	风险等级		
20	更换轴承座	1. 拆除轴承座固定螺栓时扳手未紧固，导致滑脱，造成人员碰伤	5	1	1	5	四级	确认扳手紧固卡住后再作业，不得野蛮作业	
21		2. 使用拉马拆除轴承座时，有致使人员摔倒受伤的风险	5	1	1	5	四级	两人配合作业，扶好辊子及轴承座，随时关注轴承座退出情况	
22	更换输送辊	1. 拆除防烫铁板时，铁板掉落，导致砸伤人员	50	2	0.5	50	四级	两人配合作业	
23		2. 拆除链轮及轴承座时，工器具滑脱或轴承座链轮掉落，导致砸伤人员	50	2	0.5	50	四级	两人配合作业，随时关注链轮及轴承座工器具，防止掉落	
24		3. 用螺丝刀或錾子剔除轴承座时，铁屑飞溅伤人	50	2	0.5	50	四级	穿戴好防护眼镜、防护手套等劳动保护用品	
25		4. 使用液压拉马或撬棍撬轴承座时发生滑脱，导致人员伤害	50	2	0.5	50	四级	观察对准位置后再动作	
26	更换轨道、链条	1. 每节轨道100 kg，若未抓稳，易砸伤脚	50	1	1	50	四级	设专人指挥，作业口令一致，使用专业工器具移动，作业人员侧身站位	
27		2. 更换链条时容易挤伤人员	50	1	1	50	四级	佩戴好防护手套，不得将手伸入链条内	

续表

序号	主要操作步骤	存在的风险	风险等级分析					主要防控措施	备注
			后果	暴露	可能性	风险值	风险等级		
28	更换导杆定位装置	1. 因作业空间狭小，人员只能侧身作业，易发生磕碰	25	2	0.5	25	四级	一人作业，另一人监护，注意磕碰	
29		2. 焊接作业时易发生烫伤	25	2	0.5	25	四级	戴好焊工手套、防护面罩，规范穿着工作服	
30		3. 定位架拆除、安装使用吊链时，若吊链未系挂好，会造成掉落，导致砸伤人员	25	2	0.5	25	四级	确认吊链系挂好后再进行作业，被吊运物品下方不得站人	
31	更换走轮及轴承	1. 使用液压顶起大梁时衬垫不牢靠，易发生垫物弹射，导致碰伤作业人员或液压拉马伤人	15	6	0.5	45	四级	使用垫物时选用平整垫物，拆除搬运走轮时确保固定牢靠	
32		2. 拆卸、安装走轮时配件沉重，一旦其未固定牢靠，易发生配件掉落	15	6	0.5	45	四级	检查确认捆绑是否牢固，设立警戒区，安排专人监护	
33		3. 溜车伤人	15	6	0.5	45	四级	正确使用止退隔挡，防止溜车	
34	检修滑道（轨道）	1. 人员有高处坠落的风险	25	2	0.5	25	四级	高处作业系挂好安全带	
35		2. 使用气焊作业，有灼伤人员的风险	25	2	0.5	25	四级	穿戴好劳动保护用品	
36		3. 焊接作业时易发生烫伤	25	2	0.5	25	四级	戴好焊工手套、防护面罩，系好衣领袖口	
37		4. 使用角磨机打磨焊接口时，铁屑飞溅，易伤到人员	25	2	0.5	25	四级	穿戴好劳动保护用品	

续表

序号	主要操作步骤	存在的风险	风险等级分析					主要防控措施	备注
			后果	暴露	可能性	风险值	风险等级		
38	试车	试车前人员未撤离至安全距离，易发生机械伤害	25	2	0.5	25	四级	待人员撤至安全距离后再试车	
39	清理现场	1. 作业完成后未清场，有工器具遗留，设备启动易致工具掉落，砸伤人员	25	2	0.5	25	四级	作业负责人跟踪检查确认，做到现场无遗留，使用扫把、铁锹清理现场卫生，将工具器擦拭干净并将其放置至指定地点	

表 3.28 斗式提升机检修作业安全风险辨识及防控措施一览表

序号	主要操作步骤	存在的风险	风险等级分析					主要防控措施	备注
			后果	暴露	可能性	风险值	风险等级		
1	作业前检查人员状态和劳动保护用品穿戴情况	1. 作业人员班前喝酒、身体不适、精神状态不好等，可能导致作业过程中注意力不集中	15	10	0.1	15	四级	作业前，作业负责人检查作业人员是否酒后上岗，询问身体是否不适，观察精神状态，确认良好后方可作业	
2		2. 未按规定着装（工作服、劳保鞋、安全帽、防尘口罩、防护面罩等），可能导致烫伤	15	10	0.1	15	四级	作业前，确保工作服穿着做到“三紧”、劳保鞋鞋带系好、安全帽下颏带系好、防尘口罩戴好	

续表

序号	主要操作步骤	存在的风险	风险等级分析					主要防控措施	备注
			后果	暴露	可能性	风险值	风险等级		
3	作业前风险辨识	1. 未开展风险辨识，导致人员伤害	15	10	0.1	15	四级	每次作业前要开具检修维护工作票并进行风险辨识	
4		2. 未结合现场实际进行风险辨识，导致人员伤害	15	10	0.1	15	四级	风险辨识要结合现场实际，禁止极端天气对室外除尘器进行检修	
5		3. 风险辨识有遗漏，导致人员伤害	15	10	0.1	15	四级	根据工作环境的变化完善辨识内容	
6		4. 未明确作业责任人，未确定互联互保人员，导致人员伤害	15	10	0.1	15	四级	指定作业负责人和互联互保人员	
7		5. 未掌握作业时的风险，导致人员伤害	15	10	0.1	15	四级	抽查作业人员对存在的风险和相关防控措施的掌握情况	
8		6. 不清楚风险的防控措施，导致人员伤害	15	10	0.1	15	四级	对照口袋卡及作业任务中存在的风险手指口述逐项进行提示提醒	
9		7. 未和生产单位联系，未进行停机确认，导致人员伤害	15	10	0.1	15	四级	及时联系生产单位，对讲机保持畅通，停机挂牌上锁，切断能量介质，设专人监护	
10	检查工器具	1. 使用有缺陷的工器具，易导致作业人员受到磕碰、打击、挤压等伤害	25	2	0.5	25	四级	作业前检查钳子、扳手、改锥、手锤是否安全、可靠，及时更换不合格工器具	
11		2. 使用有缺陷的吊带、手拉葫芦，易发生被吊运物品的跌落，砸伤周围作业人员	25	2	0.5	25	四级	作业前检查吊带、手拉葫芦是否破损、断股及其承受吨位，不合格的应及时更换，起拉过程中人员应撤离	
12		3. 使用有缺陷的撬棍、液压拉马、千斤顶，使用过程中易发生工器具故障，造成人员磕碰	25	2	0.5	25	四级	作业前检查工器具是否变形、开裂，液压失效是否安全、可靠，及时更换不合格工器具	

续表

序号	主要操作步骤	存在的风险	风险等级分析					主要防控措施	备注
			后果	暴露	可能性	风险值	风险等级		
13	停送电	1. 设备未断电，人员因误操作启动设备，导致人员受到机械伤害；停错电，造成检修人员触电	25	2	3	150	三级	确认停电位置，两人作业相互确认，停电后进行验电，确认无电并挂牌上锁后方可进行其他作业	
14	气焊	1. 使用的气瓶爆炸，造成人员伤害	25	2	0.5	25	四级	（1）气瓶由专车运输，不得放倒推行 （2）安排人员经常在现场进行巡查	
15	气焊	2. 使用有缺陷的割枪、压力表、回火器，使用过程中发生漏气起火	25	2	0.5	25	四级	作业前检查割枪、压力表、回火器是否安全、可靠，气割现场放置灭火器	
16	电焊	1. 使用有缺陷的焊把，易发生触电事故	25	2	0.5	25	四级	作业前检查焊把，及时更换损坏的焊把及把线	
17	电焊	2. 场地有油污，易发生火灾	25	2	0.5	25	四级	作业前清理场地，并配备可靠的灭火器	
18	电焊	3. 因高空坠物、空间狭小，易造成物体打击伤害	25	2	0.5	25	四级	作业人员确认安全站位	
19	更换料斗	1. 更换时检修时人员探身进去，易碰伤头部；焊渣温度高，气割时焊渣飞溅，易烫伤作业人员	25	2	0.5	25	四级	穿戴好焊工专用手套、电焊防护面罩	
20	更换料斗	2. 拆除、紧固螺丝时滑脱，造成人员磕碰受伤，或工器具掉落在斗提，损坏设备	25	2	0.5	25	四级	缓慢安全作业，工器具使用防坠绳拴牢，不得野蛮作业	
21	更换料斗	3. 人员探身进入设备安装时未站稳，存在跌落的风险	25	2	0.5	25	四级	选择安全站位，不得探身进去	

续表

序号	主要操作步骤	存在的风险	风险等级分析					主要防控措施	备注
			后果	暴露	可能性	风险值	风险等级		
22	更换轴承、花篮滚筒	1. 检修时人员探身进去，易碰伤头部；焊渣温度高，气割时焊渣飞溅，易烫伤作业人员	25	2	0.5	25	四级	穿戴好焊工专用手套、电焊防护面罩	
23		2. 安装轴承可能造成人员挤伤	25	2	0.5	25	四级	对准位置缓慢安装，不得野蛮作业	
24		3. 使用拔轮器用力过猛，导致物件飞出伤人	25	2	0.5	25	四级	规范使用工器具，均匀用力	
25	检修除铁器	1. 作业位置有永磁铁，使用工器具作业时工器具易吸附，造成挤伤	5	1	1	5	四级	使用铜扳手，作业人员侧身站位	
26		2. 链条被电磁铁吸住，导致人员挤伤	5	1	1	5	四级	放枕木，防止拆卸下来的链条吸附，造成人员挤伤	
27		3. 处理卡料铁器杂物，有划伤手的风险	5	1	1	5	四级	佩戴好防护手套	
28	更换下料装置	1. 清理下料装置时积料粉尘飞扬，发生物料掉落伤人	15	6	0.5	45	四级	作业前及时清理余料，人员使用掏料工器具侧身操作，不得用手代替工器具	
29		2. 拆除、安装钢丝绳、布袋、螺栓时，可能发生掉落伤人	15	6	0.5	45	四级	作业下方不得站人，隔离作业区	
30		3. 使用升降车进行作业，人员可能会坠落	15	6	0.5	45	四级	系挂好安全带，不得低挂高用	

续表

序号	主要操作步骤	存在的风险	风险等级分析					主要防控措施	备注
			后果	暴露	可能性	风险值	风险等级		
31	更换皮带作业	1. 拆除料斗时，工器具或料斗掉落，导致人员挤手	50	1	1	50	四级	作业时两人协同作业，穿戴好劳动保护用品，防止挤伤	
32		2. 使用电焊作业，可能造成人员灼烫	50	1	1	50	四级	人员站在安全位置	
33		3. 安装料斗空间狭小，工器具掉落，导致挤伤作业人员	50	1	1	50	四级	作业时两人协同作业，穿戴好劳动保护用品，防止挤伤、磕碰	
34	更换减速机	1. 使用破损的吊带，吊装拆卸减速机时，容易出现吊带断裂，导致设备破损	25	2	0.5	25	四级	（1）作业组要配置合格吊带 （2）作业组设置工器具管理员，日常对工器具进行检查和维护 （3）作业前检查吊具，若发现破碎，应立即更换	
35		2. 零件掉落，易造成物体打击伤害	25	2	0.5	25	四级	确认人员站位安全	
36		3. 拆除后的物件使用叉车或吊车运走，有物品掉落伤人的风险	25	2	0.5	25	四级	确认人员站位安全	
37	通风管道及下料口维护	1. 人员或物品坠落，导致伤人	25	2	0.5	25	四级	（1）高处作业必须使用安全带 （2）两人协同作业，同时搬运物品	
38		2. 加固或更换铁板时，内部物料滚落，导致伤人	25	2	0.5	25	四级	提前清理物料	
39	试车	1. 试车前人员未撤离至安全距离，易发生机械伤害	25	2	0.5	25	四级	待人员撤离至安全距离后再试车	
40	工完场清	1. 作业完成后未清场，有工器具遗留，设备启动时易导致设备损伤	25	2	0.5	25	四级	作业负责人跟踪检查确认，做到现场无遗留，清理现场卫生，将工器具擦拭干净并将其放置至指定地点	

表 3.29 装卸站检修作业安全风险辨识及防控措施一览表

<table>
<tr><th rowspan="2">序号</th><th rowspan="2">主要操作步骤</th><th rowspan="2">存在的风险</th><th colspan="5">风险等级分析</th><th rowspan="2">主要防控措施</th><th rowspan="2">备注</th></tr>
<tr><th>后果</th><th>暴露</th><th>可能性</th><th>风险值</th><th>风险等级</th></tr>
<tr><td>1</td><td rowspan="2">作业前检查人员状态和劳动保护用品穿戴情况</td><td>1. 作业人员班前喝酒、身体不适、精神状态不好等，可能导致作业过程中注意力不集中</td><td>15</td><td>10</td><td>0.1</td><td>15</td><td>四级</td><td>作业前，作业负责人检查作业人员是否酒后上岗，询问身体是否不适，观察精神状态，确认良好后方可作业</td><td></td></tr>
<tr><td>2</td><td>2. 未按规定着装（工作服、劳保鞋、安全帽、防尘口罩、防护面罩等），可能导致烫伤</td><td>15</td><td>10</td><td>0.1</td><td>15</td><td>四级</td><td>作业前，确保工作服穿着做到“三紧”、劳保鞋鞋带系好、安全帽下颏带系好、防尘口罩戴好</td><td></td></tr>
<tr><td>3</td><td rowspan="7">作业前风险辨识</td><td>1. 未开展风险辨识，导致人员伤害</td><td>15</td><td>10</td><td>0.1</td><td>15</td><td>四级</td><td>每次作业前要开具检修维护工作票并进行风险辨识</td><td></td></tr>
<tr><td>4</td><td>2. 未结合现场实际进行风险辨识，导致人员伤害</td><td>15</td><td>10</td><td>0.1</td><td>15</td><td>四级</td><td>风险辨识要结合现场实际，禁止极端天气对室外除尘器进行检修</td><td></td></tr>
<tr><td>5</td><td>3. 风险辨识有遗漏，导致人员伤害</td><td>15</td><td>10</td><td>0.1</td><td>15</td><td>四级</td><td>根据工作环境的变化完善辨识内容</td><td></td></tr>
<tr><td>6</td><td>4. 未明确作业责任人，未确定互联互保人员，导致人员伤害</td><td>15</td><td>10</td><td>0.1</td><td>15</td><td>四级</td><td>指定作业负责人和互联互保人员</td><td></td></tr>
<tr><td>7</td><td>5. 未掌握作业时的风险，导致人员伤害</td><td>15</td><td>10</td><td>0.1</td><td>15</td><td>四级</td><td>抽查作业人员对存在的风险和相关防控措施的掌握情况</td><td></td></tr>
<tr><td>8</td><td>6. 不清楚风险的防控措施，导致人员伤害</td><td>15</td><td>10</td><td>0.1</td><td>15</td><td>四级</td><td>对照口袋卡及作业任务中存在的风险手指口述逐项进行提示提醒</td><td></td></tr>
<tr><td>9</td><td>7. 未和生产单位联系，未进行停机确认，导致人员伤害</td><td>15</td><td>10</td><td>0.1</td><td>15</td><td>四级</td><td>及时联系生产单位，对讲机保持畅通，停机挂牌上锁，切断能量介质，设专人监护</td><td></td></tr>
</table>

续表

序号	主要操作步骤	存在的风险	风险等级分析					主要防控措施	备注
			后果	暴露	可能性	风险值	风险等级		
10	检查工器具	1. 使用有缺陷的工器具，易导致作业人员受到磕碰、打击、挤压等伤害	25	2	0.5	25	四级	作业前检查钳子、扳手、改锥、手锤是否安全、可靠，及时更换不合格工器具	
11		2. 使用有缺陷的吊带、手拉葫芦，易发生被吊运物品的跌落，砸伤周围作业人员	25	2	0.5	25	四级	作业前检查吊带、手拉葫芦是否破损、断股及其承受吨位，不合格的应及时更换，起拉过程中人员应撤离	
12		3. 使用有缺陷的撬棍、液压拉马、千斤顶，使用过程中易发生工器具故障，造成人员磕碰	25	2	0.5	25	四级	作业前检查工器具是否变形、开裂，液压失效是否安全、可靠，及时更换不合格工器具	
13	停送电	1. 设备未断电，人员因误操作启动设备，导致人员受到机械伤害；停错电，造成检修人员触电	25	2	3	150	三级	停电前应一人操作一人确认，停电后进行验电，确认无电并挂牌上锁后方可进行其他作业	
14	气焊	1. 使用的气瓶爆炸，造成人员伤害	25	2	0.5	25	四级	气瓶由专车运输，不得放倒推行，经常在现场进行巡查	
15		2. 使用有缺陷的割枪、压力表、回火器，使用过程中发生漏气起火	25	2	0.5	25	四级	作业前检查割枪、压力表、回火器是否安全、可靠，气割现场放置灭火器	
16	电焊	1. 使用有缺陷的焊把，易发生触电事故	25	2	0.5	25	四级	作业前检查焊把，及时更换损坏的焊把及把线	
17		2. 场地有油污，易发生火灾	25	2	0.5	25	四级	作业前清理场地，并配备可靠的灭火器	
18		3. 因高空坠物、空间狭小，易造成物体打击伤害	25	2	0.5	25	四级	作业人员确认安全站位	

续表

序号	主要操作步骤	存在的风险	风险等级分析					主要防控措施	备注
			后果	暴露	可能性	风险值	风险等级		
19	更换走轮平衡轮	1. 使用有缺陷的千斤顶，使用过程中发生泄压，小车下落，易砸伤作业人员	25	2	0.5	25	四级	作业前检查工器具是否安全、可靠，人员侧身站位	
20	更换轴承箱	1. 泄压可能导致液压油洒落，造成无组织排放，导致人员滑倒	15	6	0.5	45	四级	缓慢泄压，防止液压油洒落，如有洒落，应及时清理	
21		2. 使用气焊割地脚螺栓，可能造成人员灼伤	15	6	0.5	45	四级	穿戴好劳动保护用品	
22		3. 货叉打到90°位，可能发生倾翻，导致掉落伤人	15	6	0.5	45	四级	放置好货叉，使用防倾倒装置	
23		4. 使用撬棍撬出轴承箱，撬棍滑出，导致人员受伤	15	6	0.5	45	四级	放置好撬棍后缓慢作业，防止人员受伤	
24		5. 使用吊车更换轴承箱，有可能碰伤人员	15	6	0.5	45	四级	人员不得站在吊车运动轨迹内，保持安全站位	
25		6. 使用撬棍调整位置，撬棍滑出，导致人员受伤	15	6	0.5	45	四级	抓紧、拿好风炮，间歇性地更换人员作业	
26		7. 使用风炮紧固地脚螺栓，风炮可能滑脱打手	15	6	0.5	45	四级	使用吊链缓慢放置	
27		8. 调试货叉时可能发生倾翻，导致掉落伤人	15	6	0.5	45	四级	放置好货叉，使用防倾倒装置	

续表

序号	主要操作步骤	存在的风险	风险等级分析					主要防控措施	备注
			后果	暴露	可能性	风险值	风险等级		
28	更换升降机构	1. 拆除油管时，可能导致液压油洒落，造成无组织排放，导致人员滑倒	50	1	1	50	四级	如有液压油洒落，应及时清理	
29		2. 拆除地脚螺栓时，使用扳手未紧固，可能导致滑脱磕碰	50	1	1	50	四级	紧固好螺栓后再进行拆除	
30		3. 使用叉车更换升降机构，叉车叉运时可能磕碰人员	50	1	1	50	四级	叉车运动轨迹周围不得站人，保持安全站位	
31		4. 使用电焊时，可能导致触电	50	1	1	50	四级	穿戴好劳动保护用品	
32		5. 安装地脚螺栓时，使用扳手未紧固，可能导致滑脱磕碰	50	1	1	50	四级	穿戴好劳动保护用品	
33	链条更换及维护	1. 链条更换时多人配合，容易发生掉落伤人	25	2	0.5	25	四级	多人配合时要集中注意力，防止掉落伤人	
34		2. 更换链条时可能挤伤手	25	2	0.5	25	四级	戴好防护手套，不得将手伸入链条内	
35	卸站机构检修	1. 更换压脱装置气缸时，发生物体掉落伤人	25	2	0.5	25	四级	两人相互配合作业，一人拆除，另一人托扶气缸	
36		2. 更换压脱支撑架时使用吊链，可能发生物品掉落伤人	25	2	0.5	25	四级	作业前检查吊链，作业时绑好支撑架，防止物体掉落	
37		3. 高处检修时工器具掉落，导致伤人	25	2	0.5	25	四级	放置好隔离护栏，禁止人员进入检修区域下方，工器具使用完放好	

续表

序号	主要操作步骤	存在的风险	风险等级分析					主要防控措施	备注
			后果	暴露	可能性	风险值	风险等级		
38	试车	1. 试车前人员未撤离至安全距离，易发生机械伤害	25	2	0.5	25	四级	待人员撤离至安全距离后再试车	
39	工完场清	1. 作业完成后未清场，有工器具遗留，设备启动时易导致设备损伤	25	2	0.5	25	四级	作业负责人跟踪检查确认，做到现场无遗留，使用扫把、铁锹清理现场卫生，将工具器擦拭干净并将其放置在指定地点	

表 3.30　滚轴筛检修作业安全风险辨识及防控措施一览表

序号	主要操作步骤	存在的风险	风险等级分析					主要防控措施	备注
			后果	暴露	可能性	风险值	风险等级		
1	作业前检查人员状态和劳动保护用品穿戴情况	1. 作业人员班前喝酒、身体不适、精神状态不好等，可能导致作业过程中注意力不集中	15	10	0.1	15	四级	作业前，作业负责人检查作业人员是否酒后上岗，询问身体是否不适，观察精神状态，确认良好后方可作业	
2		2. 未按规定着装（工作服、劳保鞋、安全帽、防尘口罩、防护面罩等），可能导致烫伤	15	10	0.1	15	四级	作业前，确保工作服穿着做到“三紧”、劳保鞋鞋带系好、安全帽下颏带系好、防尘口罩戴好	

续表

序号	主要操作步骤	存在的风险	风险等级分析					主要防控措施	备注
			后果	暴露	可能性	风险值	风险等级		
3	作业前风险辨识	1. 未开展风险辨识，导致人员伤害	15	10	0.1	15	四级	每次作业前要开具检修维护工作票并进行风险辨识	
4		2. 未结合现场实际进行风险辨识，导致人员伤害	15	10	0.1	15	四级	风险辨识要结合现场实际，禁止极端天气对室外除尘器进行检修	
5		3. 风险辨识有遗漏，导致人员伤害	15	10	0.1	15	四级	根据工作环境的变化完善辨识内容	
6		4. 未明确作业责任人，未确定互联互保人员，导致人员伤害	15	10	0.1	15	四级	指定作业负责人和互联互保人员	
7		5. 未掌握作业时的风险，导致人员伤害	15	10	0.1	15	四级	抽查作业人员对存在的风险和相关防控措施的掌握情况	
8		6. 不清楚风险的防控措施，导致人员伤害	15	10	0.1	15	四级	对照口袋卡及作业任务中存在的风险手指口述逐项进行提示提醒	
9		7. 未和生产单位联系，未进行停机确认，导致人员伤害	15	10	0.1	15	四级	及时联系生产单位，对讲机保持畅通，停机挂牌上锁，切断能量介质，设专人监护	
10	检查工器具	1. 使用有缺陷的工器具，易导致作业人员受到磕碰、打击、挤压等伤害	25	2	0.5	25	四级	作业前检查钳子、扳手、改锥、手锤是否安全、可靠，及时更换不合格工器具	
11		2. 使用有缺陷的吊带、手拉葫芦，易发生被吊运物品的跌落，砸伤周围作业人员	25	2	0.5	25	四级	作业前检查吊带、手拉葫芦是否破损、断股及其承受吨位，不合格的应及时更换，起拉过程中人员应撤离	
12		3. 使用有缺陷的撬棍、液压拉马、千斤顶，使用过程中易发生工器具故障，造成人员磕碰	25	2	0.5	25	四级	作业前检查工器具是否变形、开裂，液压失效是否安全、可靠，及时更换不合格工器具	

续表

序号	主要操作步骤	存在的风险	风险等级分析					主要防控措施	备注
			后果	暴露	可能性	风险值	风险等级		
13	停送电	1. 设备未断电，人员因误操作启动设备，导致人员受到机械伤害；停错电，造成检修人员触电	25	2	3	150	三级	停电前应一人操作一人确认，停电后进行验电，确认无电并挂牌上锁后方可进行其他作业	
14	气焊	1. 使用的气瓶爆炸，造成人员伤害	25	2	0.5	25	四级	（1）气瓶由专车运输，不得放倒推行 （2）安排人员经常在现场进行巡查	
15		2. 使用有缺陷的割枪、压力表、回火器，使用过程中发生漏气起火	25	2	0.5	25	四级	作业前检查割枪、压力表、回火器是否安全、可靠，气割现场放置灭火器	
16	电焊	1. 使用有缺陷的焊把，易发生触电事故	25	2	0.5	25	四级	作业前检查焊把，及时更换损坏的焊把及把线	
17		2. 场地有油污，易发生火灾	25	2	0.5	25	四级	作业前清理场地，并配备可靠的灭火器	
18		3. 因高空坠物、空间狭小，易造成物体打击伤害	25	2	0.5	25	四级	人员确认安全站位	
19	更换电机	1. 使用手拉葫芦从地上拉起钳口，若手拉葫芦有缺陷，易发生配件掉落，砸伤周围人员	25	2	0.5	25	四级	作业前检查工器具是否完好，确保吊点牢固，人员侧身操作	
20		2. 配件沉重，搬运过程中易砸伤人员	25	2	0.5	25	四级	其他人员保持安全距离	
21		3. 安装、拆除地脚螺栓时扳手没卡紧，发生滑脱，导致人员碰伤	25	2	0.5	25	四级	卡紧扳手后再开始作业，不得野蛮作业	

续表

<table>
<tr><th rowspan="2">序号</th><th rowspan="2">主要操作步骤</th><th rowspan="2">存在的风险</th><th colspan="5">风险等级分析</th><th rowspan="2">主要防控措施</th><th rowspan="2">备注</th></tr>
<tr><th>后果</th><th>暴露</th><th>可能性</th><th>风险值</th><th>风险等级</th></tr>
<tr><td>22</td><td rowspan="2">更换尼龙棒</td><td>1. 人员站在电机上弯腰低头更换，存在磕碰的风险</td><td>25</td><td>2</td><td>0.5</td><td>25</td><td>四级</td><td>确认作业位置安全、可靠</td><td></td></tr>
<tr><td>23</td><td>2. 作业空间狭小，易发生人员挤手事故</td><td>25</td><td>2</td><td>0.5</td><td>25</td><td>四级</td><td>使用电动扳手</td><td></td></tr>
<tr><td>24</td><td rowspan="4">更换下料口衬板</td><td>1. 使用气焊将旧铁板割除，可能灼伤作业人员</td><td>5</td><td>1</td><td>1</td><td>5</td><td>四级</td><td>穿戴好劳动保护用品</td><td></td></tr>
<tr><td>25</td><td>2. 拿出旧铁板时发生掉落，砸伤人员</td><td>5</td><td>1</td><td>1</td><td>5</td><td>四级</td><td>两人配合将铁板取出，设专人指挥，缓慢作业</td><td></td></tr>
<tr><td>26</td><td>3. 使用吊链吊运衬板，可能发生掉落伤人</td><td>5</td><td>1</td><td>1</td><td>5</td><td>四级</td><td>作业前检查吊链，作业时绑好新衬板，防止掉落伤人</td><td></td></tr>
<tr><td>27</td><td>4. 使用电焊，可能导致触电</td><td>5</td><td>1</td><td>1</td><td>5</td><td>四级</td><td>穿戴好劳动保护用品</td><td></td></tr>
<tr><td>28</td><td rowspan="3">更换滚轴筛总成及减速机</td><td>1. 使用电动葫芦上下吊运总成，若人员站位不当，易导致掉落伤人</td><td>50</td><td>1</td><td>1</td><td>50</td><td>四级</td><td>设专人监护，人员站在安全位置</td><td></td></tr>
<tr><td>29</td><td>2. 放置总成时调整位置，可能发生摇摆，导致磕碰人员</td><td>50</td><td>1</td><td>1</td><td>50</td><td>四级</td><td>缓慢放置，多人协调配合，设专人指挥</td><td></td></tr>
<tr><td>30</td><td>3. 撬动总成时用力不匀，导致人员伤害</td><td>50</td><td>1</td><td>1</td><td>50</td><td>四级</td><td>多人配合作业时相互协调，严禁野蛮作业</td><td></td></tr>
<tr><td>31</td><td>试车</td><td>1. 试车前人员未撤离至安全位置，易发生机械伤害</td><td>25</td><td>2</td><td>0.5</td><td>25</td><td>四级</td><td>试车时及时告知周围人员，待人员撤离至安全距离后再试车</td><td></td></tr>
<tr><td>32</td><td>工完场清</td><td>1. 作业完成后未清场，有工器具遗留，设备启动时易导致设备损伤</td><td>25</td><td>2</td><td>0.5</td><td>25</td><td>四级</td><td>作业负责人跟踪检查确认，做到现场无遗留，使用扫把、铁锹清理现场卫生，将工器具擦拭干净并将其放置在指定地点</td><td></td></tr>
</table>

表 3.31 皮带维检修作业安全风险辨识及防控措施一览表

序号	主要操作步骤	存在的风险	风险等级分析					主要防控措施	备注
			后果	暴露	可能性	风险值	风险等级		
1	作业前检查人员状态和劳动保护用品穿戴情况	1. 作业人员班前喝酒、身体不适、精神状态不好等，可能导致作业过程中注意力不集中	15	10	0.1	15	四级	作业前，作业负责人检查作业人员是否酒后上岗，询问身体是否不适，观察精神状态，确认良好后方可作业	
2		2. 未按规定着装（工作服、劳保鞋、安全帽、防尘口罩、防护面罩等），可能导致烫伤	15	10	0.1	15	四级	作业前，确保工作服穿着做到“三紧”、劳保鞋鞋带系好、安全帽下颏带系好、防尘口罩戴好	
3	作业前风险辨识	1. 未开展风险辨识，导致人员伤害	15	10	0.1	15	四级	每次作业前要开具检修维护工作票并进行风险辨识	
4		2. 未结合现场实际进行风险辨识，导致人员伤害	15	10	0.1	15	四级	风险辨识要结合现场实际，禁止极端天气对室外除尘器进行检修	
5		3. 风险辨识有遗漏，导致人员伤害	15	10	0.1	15	四级	根据工作环境的变化完善辨识内容	
6		4. 未明确作业责任人，未确定互联互保人员，导致人员伤害	15	10	0.1	15	四级	指定作业负责人和互联互保人员	
7		5. 未掌握作业时的风险，导致人员伤害	15	10	0.1	15	四级	抽查作业人员对存在的风险和相关防控措施的掌握情况	
8		6. 不清楚风险的防控措施，导致人员伤害	15	10	0.1	15	四级	对照口袋卡及作业任务中存在的风险手指口述逐项进行提示提醒	
9		7. 未和生产单位联系，未进行停机确认，导致人员伤害	15	10	0.1	15	四级	及时联系生产单位，对讲机保持畅通，停机挂牌上锁，切断能量介质，设专人监护	

续表

序号	主要操作步骤	存在的风险	风险等级分析					主要防控措施	备注
			后果	暴露	可能性	风险值	风险等级		
10	检查工器具	1. 使用有缺陷的工器具，易导致作业人员受到磕碰、打击、挤压等其他伤害	25	2	0.5	25	四级	作业前检查钳子、扳手、改锥、手锤是否安全、可靠，及时更换不合格工器具	
11		2. 使用有缺陷的吊带、手拉葫芦，易发生被吊运物品掉落，砸伤周围作业人员	25	2	0.5	25	四级	作业前检查吊带、手拉葫芦是否破损、断股及其承受吨位，不合格的应及时更换，起拉过程中人员应撤离	
12		3. 使用有缺陷的撬棍、液压拉马、千斤顶，使用过程中易发生意外，造成人员磕碰	25	2	0.5	25	四级	作业前检查工器具是否变形、开裂，液压失效是否安全、可靠，及时更换不合格工器具	
13	停送电	1. 设备未断电，人员因误操作启动设备，导致人员受到机械伤害；停错电，造成检修人员触电	25	2	3	150	三级	停电前应一人操作一人确认，停电后进行验电，确认无电并挂牌上锁后方可进行其他作业	
14	气焊	1. 使用的气瓶爆炸，造成人员伤害	25	2	0.5	25	四级	（1）气瓶由专车运输，不得放倒推行 （2）安排人员经常在现场进行巡查	
15		2. 使用有缺陷的割枪、压力表、回火器，使用过程中发生漏气起火	25	2	0.5	25	四级	作业前检查割枪、压力表、回火器是否安全、可靠，气割现场放置灭火器	
16	电焊	1. 使用有缺陷的焊把，易发生触电事故	25	2	0.5	25	四级	作业前检查焊把，及时更换损坏的焊把及把线	
17		2. 场地有油污，易发生火灾	25	2	0.5	25	四级	作业前清理场地，并配备可靠的灭火器	
18		3. 因高空坠物、空间狭小，易造成物体打击伤害	25	2	0.5	25	四级	作业人员确认安全站位	

续表

序号	主要操作步骤	存在的风险	风险等级分析					主要防控措施	备注
			后果	暴露	可能性	风险值	风险等级		
19	组装皮带架子	1. 组装时架子跌落，有砸伤人员的风险	25	2	0.5	25	四级	组装时把架子放置平稳	
20		2. 在狭小空间内作业，有挤伤人员的风险	25	2	0.5	25	四级	安装时人员严禁穿越、停留正在运转或移动的设备设施之间	
21	拆除除铁器	1. 与叉车配合作业，存在车辆伤害的风险	25	2	0.5	25	四级	叉车托稳除铁器吸盘并熄火后方可作业，设专人指挥	
22		2. 人员踩着梯子拆除吸盘，存在跌落的风险	25	2	0.5	25	四级	专人扶好梯子，上方作业人员系挂好安全带	
23		3. 作业现场粉尘大，长时间工作易导致人员出现尘肺等	25	2	0.5	25	四级	进入现场后戴好防尘口罩	
24		4. 在狭小空间内作业，易造成挤压伤害	25	2	0.5	25	四级	严禁穿越、停留正在运转或移动的设备设施之间	
25	吊装皮带	1. 皮带掉落，砸伤下方人员	5	1	1	5	四级	作业前检查吊具是否安全、可靠，确认皮带捆扎牢靠，作业时下方禁止站人	
26		2. 人员上去系导链，存在坠落的风险	5	1	1	5	四级	人员系导链前系挂好安全带	
27	新旧皮带结合	1. 新旧皮带未捆扎牢靠，存在皮带滑落砸伤人的风险	15	6	0.5	45	四级	纵向打眼，纵深分布，确认皮带捆扎牢靠	
28	点动设备	1. 点动设备时，安装人员易发生机械伤害	50	2	3	300	二级	对讲机保持畅通，点动前前后呼应，所有人员撤离皮带	

续表

序号	主要操作步骤	存在的风险	风险等级分析					主要防控措施	备注
			后果	暴露	可能性	风险值	风险等级		
29	取出旧皮带	1. 使用刀子割旧皮带时易划伤自己	25	2	0.5	25	四级	穿戴好防割手套，发力均匀	
30	更换挡皮	1. 人员进入皮带仓内（狭小空间）作业，有磕碰的风险	25	2	0.5	25	四级	劳动保护用品穿戴齐全	
31		2. 拆除、安装挡皮时可能挤伤人员	25	2	0.5	25	四级	保持沟通，缓慢放置皮带	
32	更换托辊架及托辊	1. 拆除螺栓时，使用扳手未紧固，可能导致滑脱磕碰	25	2	0.5	25	四级	紧固好螺栓后再进行拆除	
33		2. 多人配合更换时用力不均，存在架子掉落砸人或挤伤人员的风险	25	2	0.5	25	四级	多人作业协同操作，发力均匀	
34		3. 安装地脚螺栓时，使用扳手未紧固，可能导致滑脱磕碰	25	2	0.5	25	四级	拿好扳手，穿戴好劳动保护用品	
35	更换下料缓冲床	1. 拆除螺栓时，使用扳手未紧固，可能导致滑脱磕碰	50	1	1	50	四级	紧固好螺栓后再进行拆除	
36		2. 多人配合更换时用力不均，存在架子掉落砸人或挤伤人员的风险	50	1	1	50	四级	多人作业协同操作，发力均匀	
37		3. 安装地脚螺栓时，使用扳手未紧固，可能导致滑脱磕碰	50	1	1	50	四级	拿好扳手，穿戴好劳动保护用品	

续表

序号	主要操作步骤	存在的风险	风险等级分析					主要防控措施	备注
			后果	暴露	可能性	风险值	风险等级		
38	更换滚筒	1. 使用气焊将旧滚筒割除，可能灼伤人员	50	1	1	50	四级	穿戴好劳动保护用品	
39		2. 拆下旧滚筒时可能发生滚筒掉落，导致砸伤人员	50	1	3	150	三级	两人配合将旧滚筒卸下，设专人指挥，缓慢作业	
40		3. 焊接吊点，使用吊链将滚筒吊起，两侧人员速度不同，导致滚筒侧翻	50	1	3	150	三级	（1）作业前检查吊链，确保被吊运物品捆扎牢固，吊点结实 （2）作业时绑好新滚筒，防止掉落伤人	
41		4. 使用电焊，可能导致人员触电	50	1	1	50	四级	穿戴好劳动保护用品	
42	更换安全附件	1. 拆除的拉绳开关、光电开关、跑偏开关及护栏现场乱扔，导致人员磕绊	25	2	0.5	25	四级	穿戴防割手套，两人协同作业发力均匀，严禁乱扔乱放物品	
43		2. 更换时，发生安全附件掉落伤人	25	2	0.5	25	四级	两人配合，一人拆除，另一人托扶	
44	电磁铁维护	1. 调节或更换钢丝绳、花篮螺栓时，使用扳手用力太猛，导致脱落伤人	25	2	0.5	25	四级	均匀发力，规范使用工器具	
45		2. 绳头或尖锐面伤人	25	2	0.5	25	四级	穿戴齐全劳动保护用品	
46	试车	1. 试车前人员未撤离至安全位置，易发生机械伤害	25	2	0.5	25	四级	试车时及时告知周围人员，待人员撤离至安全距离后再试车	
47	工完场清	1. 作业完成后未清场，有工器具遗留，设备启动时易导致设备损伤	25	2	0.5	25	四级	作业负责人跟踪检查确认，做到现场无遗留，使用扫把、铁锹清理现场卫生，将工具器擦拭干净并将其放置在指定地点	

表 3.32　清理机检修作业安全风险辨识及防控措施一览表

序号	主要操作步骤	存在的风险	风险等级分析					主要防控措施	备注
			后果	暴露	可能性	风险值	风险等级		
1	作业前检查人员状态和劳动保护用品穿戴情况	1. 作业人员班前喝酒、身体不适、精神状态不好等，可能导致作业过程中注意力不集中	15	10	0.1	15	四级	作业前，作业负责人检查作业人员是否酒后上岗，询问身体是否不适，观察精神状态，确认良好后方可作业	
2		2. 未按规定着装（工作服、劳保鞋、安全帽、防尘口罩、防护面罩等），可能导致烫伤	15	10	0.1	15	四级	作业前，确保工作服穿着做到“三紧”、劳保鞋鞋带系好、安全帽下颏带系好、防尘口罩戴好	
3	作业前风险辨识	1. 未开展风险辨识，导致人员伤害	15	10	0.1	15	四级	每次作业前要开具检修维护工作票并进行风险辨识	
4		2. 未结合现场实际进行风险辨识，导致人员伤害	15	10	0.1	15	四级	风险辨识要结合现场实际，禁止极端天气对室外除尘器进行检修	
5		3. 风险辨识有遗漏，导致人员伤害	15	10	0.1	15	四级	根据工作环境的变化完善辨识内容	
6		4. 未明确作业责任人，未确定互联互保人员，导致人员伤害	15	10	0.1	15	四级	指定作业负责人和互联互保人员	
7		5. 未掌握作业时的风险，导致人员伤害	15	10	0.1	15	四级	抽查作业人员对存在的风险和相关防控措施的掌握情况	
8		6. 不清楚风险的防控措施，导致人员伤害	15	10	0.1	15	四级	对照口袋卡及作业任务中存在的风险手指口述逐项进行提示提醒	
9		7. 未和生产单位联系，未进行停机确认，导致人员伤害	15	10	0.1	15	四级	及时联系生产单位，对讲机保持畅通，停机挂牌上锁，切断能量介质，设专人监护	

续表

序号	主要操作步骤	存在的风险	风险等级分析					主要防控措施	备注
			后果	暴露	可能性	风险值	风险等级		
10	检查工器具	1. 使用有缺陷的工器具，易导致作业人员受到磕碰、打击、挤压等伤害	25	2	0.5	25	四级	作业前检查钳子、扳手、改锥、手锤是否安全、可靠，及时更换不合格工器具	
11		2. 使用有缺陷的吊带、手拉葫芦，易发生被吊运物品的跌落，砸伤周围作业人员	25	2	0.5	25	四级	作业前检查吊带、手拉葫芦是否破损、断股及其承受吨位，不合格的应及时更换，起拉过程中人员应撤离	
12		3. 使用有缺陷的撬棍、液压拉马、千斤顶，使用过程中易发生工器具故障，造成人员磕碰	25	2	0.5	25	四级	作业前检查工器具是否变形、开裂，液压失效是否安全、可靠，及时更换不合格工器具	
13	停送电	1. 设备未断电，人员因误操作启动设备，导致人员受到机械伤害；停错电，造成检修人员触电	25	2	3	150	三级	停电前应一人操作一人确认，停电后进行验电，确认无电并挂牌上锁后方可进行其他作业	
14	气焊	1. 使用的气瓶爆炸，造成人员伤害	25	2	0.5	25	四级	（1）气瓶由专车运输，不得放倒推行 （2）安排人员经常在现场进行巡查	
15		2. 使用有缺陷的割枪、压力表、回火器，使用过程中发生漏气起火	25	2	0.5	25	四级	作业前检查割枪、压力表、回火器是否安全、可靠，气割现场放置灭火器	
16		3. 氧气、乙炔距离过近，遇明火易发生爆炸	25	2	0.5	25	四级	氧气距离乙炔至少 5 m，距离动火点至少 10 m	

续表

序号	主要操作步骤	存在的风险	风险等级分析					主要防控措施	备注
			后果	暴露	可能性	风险值	风险等级		
17	更换破碎锤、铜套	1. 取下破碎锤时可能砸伤人员	25	2	0.5	25	四级	两人协同作业，一人托扶，另一人拆卸	
18		2. 使用吊链将支撑架吊起，可能掉落伤人	25	2	0.5	25	四级	作业前检查吊链，作业时绑好支撑架，防止掉落伤人	
19		3. 人员进入清理机更换铜套，因空间狭小，可能造成人员磕碰受伤	25	2	0.5	25	四级	注意人员站位	
20	更换油管、阀体及气动装置	1. 油管及阀体上的润滑油滴落，易污染环境	5	1	1	5	四级	一人作业，另一人监护	
21		2. 人员行走易滑倒	5	1	1	5	四级	及时清理滴落的油污	
22	更换固定架	1. 使用气焊将变形固定架割除，可能灼伤人员	50	1	1	50	四级	穿戴好劳动保护用品	
23		2. 拿出固定架时，可能发生掉落，砸伤人员	50	1	1	50	四级	多人配合将固定架吊出，设专人指挥，缓慢作业	
24		3. 使用吊链将固定架吊入，可能发生掉落伤人	50	1	1	50	四级	作业前检查吊链，作业时绑好固定架，防止掉落伤人	
25		4. 使用电焊，可能导致触电	50	1	1	50	四级	穿戴好劳动保护用品	
26	补充氮气	1. 高压气瓶爆炸，易发生人员物体打击	25	2	0.5	25	四级	规范使用，防止倾倒	
27	工完场清	1. 作业完成后未清场，有工器具遗留，设备启动时易导致设备损伤	25	2	0.5	25	四级	作业负责人跟踪检查确认，做到现场无遗留，使用扫把、铁锹清理现场卫生，将工具器擦拭干净并将其放置在指定地点	

表 3.33　中频炉检修作业安全风险辨识及防控措施一览表

序号	主要操作步骤	存在的风险	风险等级分析					主要防控措施	备注
			后果	暴露	可能性	风险值	风险等级		
1	作业前检查人员状态和劳动保护用品穿戴情况	1. 作业人员班前喝酒、身体不适、精神状态不好等，可能导致作业过程中注意力不集中	15	10	0.1	15	四级	作业前，作业负责人检查作业人员是否酒后上岗，询问身体是否不适，观察精神状态，确认良好后方可作业	
2		2. 未按规定着装（工作服、劳保鞋、安全帽、防尘口罩、防护面罩等），可能导致烫伤	15	10	0.1	15	四级	作业前，确保工作服穿着做到“三紧”、劳保鞋鞋带系好、安全帽下颏带系好、防尘口罩戴好	
3	作业前风险辨识	1. 未开展风险辨识，导致人员伤害	15	10	0.1	15	四级	每次作业前要开具检修维护工作票并进行风险辨识	
4		2. 未结合现场实际进行风险辨识，导致人员伤害	15	10	0.1	15	四级	风险辨识要结合现场实际，禁止极端天气对室外除尘器进行检修	
5		3. 风险辨识有遗漏，导致人员伤害	15	10	0.1	15	四级	根据工作环境的变化完善辨识内容	
6		4. 未明确作业责任人，未确定互联互保人员，导致人员伤害	15	10	0.1	15	四级	指定作业负责人和互联互保人员	
7		5. 未掌握作业时的风险，导致人员伤害	15	10	0.1	15	四级	抽查作业人员对存在的风险和相关防控措施的掌握情况	
8		6. 不清楚风险的防控措施，导致人员伤害	15	10	0.1	15	四级	对照口袋卡及作业任务中存在的风险手指口述逐项进行提示提醒	
9		7. 未和生产单位联系，未进行停机确认，导致人员伤害	15	10	0.1	15	四级	及时联系生产单位，对讲机保持畅通，停机挂牌上锁，切断能量介质，设专人监护	

续表

序号	主要操作步骤	存在的风险	风险等级分析					主要防控措施	备注
			后果	暴露	可能性	风险值	风险等级		
10	检查工器具	1. 使用有缺陷的工器具，易导致作业人员受到磕碰、打击、挤压等伤害	25	2	0.5	25	四级	作业前检查钳子、扳手、改锥、手锤是否安全、可靠，及时更换不合格工器具	
11		2. 使用有缺陷的吊带、手拉葫芦，易发生被吊运物品的跌落，砸伤周围作业人员	25	2	0.5	25	四级	作业前检查吊带、手拉葫芦是否破损、断股及其承受吨位，不合格的应及时更换，起拉过程中人员应撤离	
12		3. 使用有缺陷的撬棍、液压拉马、千斤顶，使用过程中易发生工器具故障，造成人员磕碰	25	2	0.5	25	四级	作业前检查工器具是否变形、开裂，液压失效是否安全、可靠，及时更换不合格工器具	
13	停送电、停送水	1. 设备未断电，人员因误操作启动设备，导致人员受到机械伤害	25	2	3	150	三级	作业前保持对讲机畅通，确认停电并挂牌上锁，送电时互相告知呼应	
14		2. 设备未断水，水接触电，易发生人员触电	25	2	0.5	25	四级	作业前停送水	
15		3. 拉合闸过程中易产生电弧，导致击伤人员	15	2	3	75	三级	规范穿戴劳动保护用品，停送电设专人监护，人员侧身站立	
16	更换水冷电缆	1. 拆除铜螺栓时扳手没卡紧而滑脱，导致人员碰伤	25	2	0.5	25	四级	卡紧扳手后开始作业，不得野蛮作业	
17		2. 因作业空间狭小，人员易发生坠落	25	2	0.5	25	四级	在平台作业，系挂好安全带	
18		3. 因作业空间狭小，易造成人员挤压伤害	25	2	0.5	25	四级	严禁穿行于正在运转或移动的设备设施之间	

续表

序号	主要操作步骤	存在的风险	风险等级分析					主要防控措施	备注
			后果	暴露	可能性	风险值	风险等级		
19	置换内循环水	1. 水流到地面上，导致人员滑倒	5	2	1	10	四级	检查管箍是否松动，及时清理地下积水	
20		2. 水管摆动，水洒在其他电气设备上，引起爆炸	5	2	1	10	四级	抓好水管，防止摆动	
21	更换线圈、磁轭	1. 拆除磁轭处水管时，水喷在其他电气设备上，引起爆炸	15	1	1	15	四级	放空水管内的水	
22		2. 拆除线圈磁轭时可能造成人员挤伤	15	1	1	15	四级	停电断水，不得野蛮作业	
23		3. 因配件沉重，天车在吊运更换配件过程中发生钢丝绳、吊钩断裂或者脱钩，线圈掉落，造成人员伤害	15	1	3	45	四级	严格遵守规程作业，对作业区域进行隔离，吊运更换过程中周围人员撤离，定期检查吊具，不许使用不合格吊具，缓慢吊运，防止碰损其他设备	
24	更换水泵及电机	1. 拆除地脚螺栓时，扳手没卡紧发生滑脱，导致人员碰伤	50	1	1	50	四级	卡紧扳手后开始作业，不得野蛮作业	
25		2. 用吊带绑好水泵或电机，使用电葫芦吊运更换时，可能发生掉落伤人	50	1	1	50	四级	作业前检查吊带是否完好，防止水泵或电机掉落伤人	
26	试车	1. 试车前人员未撤离至安全距离，易发生机械伤害	25	2	0.5	25	四级	试车时及时告知周围人员，待人员撤离至安全距离后再试车	
27	清理现场	1. 作业完成后未清场，有工器具遗留，设备启动时易导致设备损伤	25	2	0.5	25	四级	作业负责人跟踪检查确认，做到现场无遗留，使用扫把、铁锹清理现场卫生，将工具器擦拭干净并将其放置在指定地点	

表 3.34 钢爪校直烘干机检修作业安全风险辨识及防控措施一览表

序号	主要操作步骤	存在的风险	风险等级分析					主要防控措施	备注
			后果	暴露	可能性	风险值	风险等级		
1	作业前检查人员状态和劳动保护用品穿戴情况	1. 作业人员班前喝酒、身体不适、精神状态不好等，可能导致作业过程中注意力不集中	15	10	0.1	15	四级	作业前，作业负责人检查作业人员是否酒后上岗，询问身体是否不适，观察精神状态，确认良好后方可作业	
2		2. 未按规定着装（工作服、劳保鞋、安全帽、防尘口罩、防护面罩等），可能导致烫伤	15	10	0.1	15	四级	作业前，确保工作服穿着做到“三紧”、劳保鞋鞋带系好、安全帽下颏带系好、防尘口罩戴好	
3	作业前风险辨识	1. 未开展风险辨识，导致人员伤害	15	10	0.1	15	四级	每次作业前要开具检修维护工作票并进行风险辨识	
4		2. 未结合现场实际进行风险辨识，导致人员伤害	15	10	0.1	15	四级	风险辨识要结合现场实际，禁止极端天气对室外除尘器进行检修	
5		3. 风险辨识有遗漏，导致人员伤害	15	10	0.1	15	四级	根据工作环境的变化完善辨识内容	
6		4. 未明确作业责任人，未确定互联互保人员，导致人员伤害	15	10	0.1	15	四级	指定作业负责人和互联互保人员	
7		5. 未掌握作业时的风险，导致人员伤害	15	10	0.1	15	四级	抽查作业人员对存在的风险和相关防控措施的掌握情况	
8		6. 不清楚风险的防控措施，导致人员伤害	15	10	0.1	15	四级	对照口袋卡及作业任务中存在的风险手指口述逐项进行提示提醒	
9		7. 未和生产单位联系，未进行停机确认，导致人员伤害	15	10	0.1	15	四级	及时联系生产单位，对讲机保持畅通，停机挂牌上锁，切断能量介质，设专人监护	

续表

序号	主要操作步骤	存在的风险	风险等级分析					主要防控措施	备注
			后果	暴露	可能性	风险值	风险等级		
10	检查工器具	1. 使用有缺陷的工器具，易导致作业人员受到磕碰、打击、挤压等伤害	25	2	0.5	25	四级	作业前检查钳子、扳手、改锥、手锤是否安全、可靠，及时更换不合格工器具	
11		2. 使用有缺陷的吊带、手拉葫芦，易发生被吊运物品的跌落，砸伤周围作业人员	25	2	0.5	25	四级	作业前检查吊带、手拉葫芦是否破损、断股及其承受吨位，不合格的应及时更换，起拉过程中人员应撤离	
12		3. 使用有缺陷的撬棍、液压拉马、千斤顶，使用过程中易发生工器具故障，造成人员磕碰	25	2	0.5	25	四级	作业前检查工器具是否变形、开裂，液压失效是否安全、可靠，及时更换不合格工器具	
13	停送电	1. 设备未断电，因人员误操作启动设备，导致人员受到机械伤害	25	2	3	150	三级	停电挂牌，上锁验电	
14		2. 拉合闸过程中易产生电弧，击伤作业人员	25	2	0.5	25	四级	作业人员使用电工手套，保持侧身站位	
15	更换水冷电缆	1. 因作业空间狭小，易发生人员易坠落	25	2	0.5	25	四级	确认站位安全、可靠	
16		2. 水冷电缆沉重，若更换过程未拿稳，易造成人员砸伤	25	2	0.5	25	四级	作业下方禁止站人	
17	更换水泵及电机	1. 拆除地脚螺栓时，扳手没卡紧发生滑脱，导致人员碰伤	50	1	1	50	四级	卡紧扳手后开始作业，不得野蛮作业	
18		2. 用吊带绑好水泵或电机，使用电葫芦吊运更换时，可能发生掉落伤人	50	1	1	50	四级	作业前检查吊带是否完好，防止水泵或电机掉落伤人	

续表

序号	主要操作步骤	存在的风险	风险等级分析					主要防控措施	备注
			后果	暴露	可能性	风险值	风险等级		
19	置换内循环水	1. 水流在地面上，导致人员滑倒	25	2	0.5	25	四级	检查管箍是否松动，及时清理地下积水	
20		2. 水管摆动，水洒在其他电气设备上，引起爆炸	25	2	0.5	25	四级	抓好水管，防止摆动	
21	工完场清	1. 作业完成后未清场，有工器具遗留，设备启动时易导致设备损伤	25	2	0.5	25	四级	作业负责人跟踪检查确认，做到现场无遗留，使用扫把、铁锹清理现场卫生，将工具器擦拭干净并将其放置在指定地点	

表3.35 颚式破碎机检修作业安全风险辨识及防控措施一览表

序号	主要操作步骤	存在的风险	风险等级					主要防控措施	备注
			后果	暴露	可能性	风险值	风险等级		
1	作业前检查人员状态和劳动保护用品穿戴情况	1. 作业人员班前喝酒、身体不适、精神状态不好等，可能导致作业过程中注意力不集中	15	10	0.1	15	四级	作业前，作业负责人检查作业人员是否酒后上岗，询问身体是否不适，观察精神状态，确认良好后方可作业	
2		2. 未按规定着装（工作服、劳保鞋、安全帽、防尘口罩、防护面罩等），可能导致烫伤	15	10	0.1	15	四级	作业前，确保工作服穿着做到“三紧”、劳保鞋鞋带系好、安全帽下颏带系好、防尘口罩戴好	

续表

序号	主要操作步骤	存在的风险	风险等级					主要防控措施	备注
			后果	暴露	可能性	风险值	风险等级		
3	作业前风险辨识	1. 未开展风险辨识，导致人员伤害	15	10	0.1	15	四级	每次作业前要开具检修维护工作票并进行风险辨识	
4		2. 未结合现场实际进行风险辨识，导致人员伤害	15	10	0.1	15	四级	风险辨识要结合现场实际，禁止极端天气对室外除尘器进行检修	
5		3. 风险辨识有遗漏，导致人员伤害	15	10	0.1	15	四级	根据工作环境的变化完善辨识内容	
6		4. 未明确作业责任人，未确定互联互保人员，导致人员伤害	15	10	0.1	15	四级	指定作业负责人和互联互保人员	
7		5. 未掌握作业时的风险，导致人员伤害	15	10	0.1	15	四级	抽查作业人员对存在的风险和相关防控措施的掌握情况	
8		6. 不清楚风险的防控措施，导致人员伤害	15	10	0.1	15	四级	对照口袋卡及作业任务中存在的风险手指口述逐项进行提示提醒	
9		7. 未和生产单位联系，未进行停机确认，导致人员伤害	15	10	0.1	15	四级	及时联系生产单位，对讲机保持畅通，停机挂牌上锁，切断能量介质，设专人监护	
10	检查工器具	1. 使用有缺陷的工器具，易导致作业人员受到磕碰、打击、挤压等伤害	25	2	0.5	25	四级	作业前检查钳子、扳手、改锥、手锤是否安全、可靠，及时更换不合格工器具	
11		2. 使用有缺陷的吊带、手拉葫芦，易发生被吊运物品的跌落，砸伤周围作业人员	25	2	0.5	25	四级	作业前检查吊带、手拉葫芦是否破损、断股及其承受吨位，不合格的应及时更换，起拉过程中人员应撤离	
12		3. 使用有缺陷的撬棍、液压拉马、千斤顶，使用过程中易发生工器具故障，造成人员磕碰	25	2	0.5	25	四级	作业前检查工器具是否变形、开裂，液压失效是否安全、可靠，及时更换不合格工器具	

续表

序号	主要操作步骤	存在的风险	风险等级					主要防控措施	备注
			后果	暴露	可能性	风险值	风险等级		
13	停送电	1. 设备未断电，人员因误操作启动设备，导致人员受到机械伤害；停错电，造成检修人员触电	25	2	3	150	三级	确认停电位置，两人作业相互确认，停电后进行验电，确认无电并挂牌上锁后方可进行其他作业	
14	气焊	1. 使用的气瓶爆炸，造成人员伤害	25	2	0.5	25	四级	（1）气瓶由专车运输，不得放倒推行 （2）安排人员经常在现场进行巡查	
15		2. 使用有缺陷的割枪、压力表、回火器，使用过程中发生漏气起火	25	2	0.5	25	四级	作业前检查割枪、压力表、回火器是否安全、可靠，气割现场放置灭火器	
16	电焊	1. 使用有缺陷的焊把，易发生触电事故	25	2	0.5	25	四级	作业前检查焊把，及时更换损坏的焊把及把线	
17		2. 场地有油污，易发生火灾	25	2	0.5	25	四级	作业前清理场地，并配备可靠的灭火器	
18		3. 因高空坠物、空间狭小，易造成物体打击伤害	25	2	0.5	25	四级	作业人员确认安全站位	
19	更换推力肘板	1. 因作业空间狭小，人员身体舒展不开，发力或起身过程中易发生磕碰	25	2	0.5	25	四级	一人作业，另一人监护，交替作业	
20		2. 拆除张紧弹簧螺栓时，扳手未紧固发生滑脱，导致碰伤人员	5	1	1	5	四级	确认扳手紧固卡住后再作业，不得野蛮作业	
21		3. 安装肘板时人员托举对准安装，光线差，容易挤伤手指	25	2	0.5	25	四级	作业监护人员打开手电筒照明，指挥作业人员进行安全作业	

续表

序号	主要操作步骤	存在的风险	风险等级					主要防控措施	备注
			后果	暴露	可能性	风险值	风险等级		
22	更换颌板	1. 因作业空间狭小，拆除紧固螺栓时易发生人员磕碰	25	2	0.5	25	四级	戴好防护手套，严禁野蛮作业	
23		2. 配件沉重，在拆除过程中易发生掉落，导致砸伤人员	25	2	0.5	25	四级	提前使用手拉葫芦固定，起吊时确保人员撤离	
24		3. 安装颌板时人员托举对准安装，光线差，容易挤伤手指	25	2	0.5	25	四级	作业监护人员打开手电筒照明，指挥作业人员进行安全作业	
25	更换轴承	1. 拆除皮带轮时配件沉重，易发生掉落，导致砸伤人员	25		0.5	25	四级	提前使用手拉葫芦固定，起吊时人员撤离	
26	更换三角带	1. 拆除及安装三角皮带时易发生手指挤伤	25	2	0.5	25	四级	作业监护人员指挥作业人员进行安全作业	
27	更换电气元件	1. 未断电拆除电气元件，导致人员发生触电	50	2	0.5	50	四级	确认断电后再进行电气元件的拆除	
28		2. 更换时未确认线号，造成电路板或其他电气元件损坏	50	2	0.5	50	四级	确认线号后再进行更换	
29		3. 未定期对电气元件进行吹灰及紧固，造成断路或电气元件损坏	50	2	0.5	50	四级	定期吹灰，防止电气元件发热着火	
30	试车	1. 试车前人员未撤离至安全距离，易发生人员伤害	25	2	0.5	25	四级	试车时及时告知周围人员，待人员撤离至安全距离后再试车	

表 3.36　抛丸机检修作业安全风险辨识及防控措施一览表

序号	主要操作步骤	存在的风险	风险等级					主要防控措施	备注
			后果	暴露	可能性	风险值	风险等级		
1	作业前检查人员状态和劳动保护用品穿戴情况	1. 作业人员班前喝酒、身体不适、精神状态不好等，可能导致作业过程中注意力不集中	15	10	0.1	15	四级	作业前，作业负责人检查作业人员是否酒后上岗，询问身体是否不适，观察精神状态，确认良好后方可作业	
2		2. 未按规定着装（工作服、劳保鞋、安全帽、防尘口罩、防护面罩等），可能导致烫伤	15	10	0.1	15	四级	作业前，确保工作服穿着做到“三紧”、劳保鞋鞋带系好、安全帽下颏带系好、防尘口罩戴好	
3	作业前风险辨识	1. 未开展风险辨识，导致人员伤害	15	10	0.1	15	四级	每次作业前要开具检修维护工作票并进行风险辨识	
4		2. 未结合现场实际进行风险辨识，导致人员伤害	15	10	0.1	15	四级	风险辨识要结合现场实际，禁止极端天气对室外除尘器进行检修	
5		3. 风险辨识有遗漏，导致人员伤害	15	10	0.1	15	四级	根据工作环境的变化完善辨识内容	
6		4. 未明确作业责任人，未确定互联互保人员，导致人员伤害	15	10	0.1	15	四级	指定作业负责人和互联互保人员	
7		5. 未掌握作业时的风险，导致人员伤害	15	10	0.1	15	四级	抽查作业人员对存在的风险和相关防控措施的掌握情况	
8		6. 不清楚风险的防控措施，导致人员伤害	15	10	0.1	15	四级	对照口袋卡及作业任务中存在的风险手指口述逐项进行提示提醒	
9		7. 未和生产单位联系，未进行停机确认，导致人员伤害	15	10	0.1	15	四级	及时联系生产单位，对讲机保持畅通，停机挂牌上锁，切断能量介质，设专人监护	

续表

序号	主要操作步骤	存在的风险	风险等级					主要防控措施	备注
			后果	暴露	可能性	风险值	风险等级		
10	检查工器具	1. 使用有缺陷的工器具，易导致作业人员受到磕碰、打击、挤压等伤害	25	2	0.5	25	四级	作业前检查钳子、扳手、改锥、手锤是否安全、可靠，及时更换不合格工器具	
11		2. 使用有缺陷的吊带、手拉葫芦，易发生被吊运物品的跌落，砸伤周围作业人员	25	2	0.5	25	四级	作业前检查吊带、手拉葫芦是否破损、断股及其承受吨位，不合格的应及时更换，起拉过程中人员应撤离	
12		3. 使用有缺陷的撬棍、液压拉马、千斤顶，使用过程中易发生工器具故障，造成人员磕碰	25	2	0.5	25	四级	作业前检查工器具是否变形、开裂，液压失效是否安全、可靠，及时更换不合格工器具	
13	停送电	1. 设备未断电，人员因误操作启动设备，导致人员受到机械伤害；停错电，造成检修人员触电	25	2	3	150	三级	确认停电位置，两人作业相互确认，停电后进行验电，确认无电并挂牌上锁后方可进行其他作业	
14	上下爬梯	1. 高处具有势能的物品，因检修过程中的震动而滑落，导致人员伤害	25	2	0.5	25	四级	(1) 对可能发生掉落、滑动的物品进行能量隔离 (2) 进行停机断电 (3) 将高空物品放到检修同一水平面	
15		2. 上下爬梯未抓稳，易发生人员坠落	50	1	1	50	四级	上下爬梯抓稳扶手，佩戴双股安全带	
16	气焊	1. 使用的气瓶爆炸，造成人员伤害	25	2	0.5	25	四级	(1) 气瓶由专车运输，不得放倒推行 (2) 安排人员经常在现场进行巡查	
17		2. 使用有缺陷的割枪、压力表、回火器，使用过程中发生漏气起火	25	2	0.5	25	四级	作业前检查割枪、压力表、回火器是否安全、可靠，气割现场放置灭火器	

续表

序号	主要操作步骤	存在的风险	风险等级					主要防控措施	备注
			后果	暴露	可能性	风险值	风险等级		
18	电焊	1. 使用有缺陷的焊把，易发生触电事故	25	2	0.5	25	四级	作业前检查焊把，及时更换损坏的焊把及把线	
19		2. 场地有油污，易发生火灾	25	2	0.5	25	四级	作业前清理场地，并配备可靠的灭火器	
20		3. 因高空坠物、空间狭小，易造成物体打击伤害	25	2	0.5	25	四级	作业人员确认安全站位	
21	更换料斗	1. 检修时人员探身进去，易碰伤人员头部；焊渣温度高，气割时焊渣飞溅，易烫伤人员	25	2	0.5	25	四级	戴好焊工专用手套，佩戴电焊防护面罩	
22		2. 拆除、紧固螺丝时滑脱，造成人员磕碰受伤，或工器具掉落在斗提上，损坏设备	25	2	0.5	25	四级	缓慢安全作业，不得野蛮作业	
23		3. 人员探身进入设备安装时未站稳，存在坠落的风险	25	2	0.5	25	四级	选择安全站位，不得探身进去	
24	更换链条	1. 链条更换时多人配合，容易发生掉落伤人	25	2	0.5	25	四级	多人配合时要集中注意力，防止掉落伤人	
25		2. 更换链条过程中可能挤伤手	25	2	0.5	25	四级	戴好防护手套，不得将手伸入链条内	
26	更换螺旋及轴承	1. 拆除对轮联轴器及螺旋时，易发生人员磕碰	25	2	0.5	25	四级	提前使用手拉葫芦固定，集中注意力，防止碰伤	
27	更换齿形带	1. 拆除及安装三角皮带时易发生手指挤伤	25	2	0.5	25	四级	作业监护人员指挥作业人员进行安全作业	

续表

序号	主要操作步骤	存在的风险	风险等级					主要防控措施	备注
			后果	暴露	可能性	风险值	风险等级		
28	更换电气元件	1. 未断电拆除电气元件，导致人员触电	50	2	0.5	50	四级	确认断电后再进行电气元件的拆除	
29		2. 更换时未确认线号，造成电路板或其他电气元件损坏	50	2	0.5	50	四级	确认线号后再进行更换	
30		3. 未定期对电气元件进行吹灰及紧固，造成断路或电气元件损坏	50	2	0.5	50	四级	定期吹灰，防止电气元件发热着火	
31	工完场清	1. 踩踏散落在地面上的钢丸，导致人员伤害	25	2	0.5	25	四级	作业负责人跟踪检查确认，做到现场无遗留	
32	试车	1. 试车前人员未撤离至安全距离，易发生人员伤害	25	2	0.5	25	四级	试车时及时告知周围人员，待人员撤离至安全距离后再试车	
33		2. 从设备内飞出的高速钢丸可导致人员伤害	50	1	3	150	三级	启动设备之前，检查人孔门是否关闭，确保各处密封完好	

表 3.37　圆锥式破碎机检修作业安全风险辨识及防控措施一览表

序号	主要操作步骤	存在的风险	风险等级					主要防控措施	备注
			后果	暴露	可能性	风险值	风险等级		
1	作业前检查人员状态和劳动保护用品穿戴情况	1. 作业人员班前喝酒、身体不适、精神状态不好等，可能导致作业过程中注意力不集中	15	10	0.1	15	四级	作业前，作业负责人检查作业人员是否酒后上岗，询问身体是否不适，观察精神状态，确认良好后方可作业	
2		2. 未按规定着装（工作服、劳保鞋、安全帽、防尘口罩、防护面罩等），可能导致烫伤	15	10	0.1	15	四级	作业前，确保工作服穿着做到“三紧”、劳保鞋鞋带系好、安全帽下颏带系好、防尘口罩戴好	

续表

序号	主要操作步骤	存在的风险	风险等级					主要防控措施	备注
			后果	暴露	可能性	风险值	风险等级		
3	作业前风险辨识	1. 未开展风险辨识，导致人员伤害	15	10	0.1	15	四级	每次作业前要开具检修维护工作票并进行风险辨识	
4		2. 未结合现场实际进行风险辨识，导致人员伤害	15	10	0.1	15	四级	风险辨识要结合现场实际，禁止极端天气对室外除尘器进行检修	
5		3. 风险辨识有遗漏，导致人员伤害	15	10	0.1	15	四级	根据工作环境的变化完善辨识内容	
6		4. 未明确作业责任人，未确定互联互保人员，导致人员伤害	15	10	0.1	15	四级	指定作业负责人和互联互保人员	
7		5. 未掌握作业时的风险，导致人员伤害	15	10	0.1	15	四级	抽查作业人员对存在的风险和相关防控措施的掌握情况	
8		6. 不清楚风险的防控措施，导致人员伤害	15	10	0.1	15	四级	对照口袋卡及作业任务中存在的风险手指口述逐项进行提示提醒	
9		7. 未和生产单位联系，未进行停机确认，导致人员伤害	15	10	0.1	15	四级	及时联系生产单位，对讲机保持畅通，停机挂牌上锁，切断能量介质，设专人监护	
10	检查工器具	1. 使用有缺陷的工器具，易导致作业人员受到磕碰、打击、挤压等伤害	25	2	0.5	25	四级	作业前检查钳子、扳手、改锥、手锤是否安全、可靠，及时更换不合格工器具	
11		2. 使用有缺陷的吊带、手拉葫芦，易发生被吊运物品的跌落，砸伤周围作业人员	25	2	0.5	25	四级	作业前检查吊带、手拉葫芦是否破损、断股及其承受吨位，不合格的应及时更换，起拉过程中人员应撤离	
12		3. 使用有缺陷的撬棍、液压拉马、千斤顶，使用过程中易发生工器具故障，造成人员磕碰	25	2	0.5	25	四级	作业前检查工器具是否变形、开裂，液压失效是否安全、可靠，及时更换不合格工器具	

续表

序号	主要操作步骤	存在的风险	风险等级					主要防控措施	备注
			后果	暴露	可能性	风险值	风险等级		
13	停送电	1. 设备未断电，人员因误操作启动设备，导致人员发生机械伤害；停错电，造成检修人员触电	25	2	3	150	三级	确认停电位置，两人作业相互确认，停电后进行验电，确认无电并挂牌上锁后方可进行其他作业	
14	气焊	1. 使用的气瓶爆炸，造成人员伤害	25	2	0.5	25	四级	（1）气瓶由专车运输，不得放倒推行 （2）安排人员经常在现场进行巡查	
15		2. 使用有缺陷的割枪、压力表、回火器，使用过程中发生漏气起火	25	2	0.5	25	四级	作业前检查割枪、压力表、回火器是否安全、可靠，气割现场放置灭火器	
16	电焊	1. 使用有缺陷的焊把，易发生触电事故	25	2	0.5	25	四级	作业前检查焊把，及时更换损坏的焊把及把线	
17		2. 场地有油污，易发生火灾	25	2	0.5	25	四级	作业前清理场地，并配备可靠的灭火器	
18		3. 因高空坠物、空间狭小，易造成物体打击伤害	25	2	0.5	25	四级	作业人员确认安全站位	
19	更换碗形轴瓦	1. 因作业空间狭小，作业人员身体舒展不开，发力或起身过程中易发生磕碰	25	2	0.5	25	四级	一人作业，另一人监护，交替作业	
20		2. 拆除碗形轴瓦时底座脱开发生滑脱，导致人员碰伤	5	1	1	5	四级	确认合理站位，不得野蛮作业	
21		3. 安装轴瓦时人员侧面对准安装，光线差，容易挤伤手指	25	2	0.5	25	四级	作业监护人员打开手电筒照明，指挥作业人员进行安全作业	

续表

序号	主要操作步骤	存在的风险	风险等级					主要防控措施	备注
			后果	暴露	可能性	风险值	风险等级		
22	更换传动齿	1. 因作业空间狭小，拆除紧固螺栓时易发生人员磕碰	25	2	0.5	25	四级	戴好防护手套，严禁野蛮作业	
23		2. 传动齿压盖拆除过程中易掉落，导致砸伤人员	25	2	0.5	25	四级	提前固定好传动齿，拆除时佩戴手套	
24		3. 紧固螺丝时扳手滑落，导致挤伤手指	25	2	0.5	25	四级	作业人员站位合理，拆除时佩戴手套	
25	安装动锥	1. 使用起重机安装动锥时易发生掉落，导致砸伤人员	25	2	0.5	25	四级	提前检查起重吊带，起吊时确保人员已撤离	
26	更换偏心锥套	1. 拆除及安装偏心锥套时易发生手指挤伤	25	2	0.5	25	四级	作业监护人员指挥作业人员进行安全作业	
27	更换电气元件	1. 未断电就拆除电气元件，导致人员触电	50	2	0.5	50	四级	确认断电再进行电气元件的拆除	
28		2. 更换时未确认线号，造成电路板或其他电气元件损坏	50	2	0.5	50	四级	确认线号后再进行更换	
29		3. 未定期对电气元件进行吹灰及紧固，造成断路或电气元件损坏	50	2	0.5	50	四级	定期吹灰，防止电气元件发热着火	
30	试车	1. 试车前人员未撤离至安全距离，易发生人员伤害	25	2	0.5	25	四级	试车时及时告知周围人员，待人员撤离至安全距离后再试车	

表 3.38　天车滑线检修作业安全风险辨识及防控措施一览表

序号	主要操作步骤	存在的风险	风险等级					主要防控措施	备注
			后果	暴露	可能性	风险值	风险等级		
1	作业前检查人员状态和劳动保护用品穿戴情况	1. 作业人员班前喝酒、身体不适、精神状态不好等，可能导致作业过程中注意力不集中	15	10	0.1	15	四级	作业前，作业负责人检查作业人员是否酒后上岗，询问身体是否不适，观察精神状态，确认良好后方可作业	
2		2. 未按规定着装（工作服、劳保鞋、安全帽、防尘口罩、防护面罩等），可能导致烫伤	15	10	0.1	15	四级	作业前，确保工作服穿着做到“三紧”、劳保鞋鞋带系好、安全帽下颏带系好、防尘口罩戴好	
3	作业前风险辨识	1. 未开展风险辨识，导致人员伤害	15	10	0.1	15	四级	每次作业前要开具检修维护工作票并进行风险辨识	
4		2. 未结合现场实际进行风险辨识，导致人员伤害	15	10	0.1	15	四级	风险辨识要结合现场实际，禁止极端天气对室外除尘器进行检修	
5		3. 风险辨识有遗漏，导致人员伤害	15	10	0.1	15	四级	根据工作环境的变化完善辨识内容	
6		4. 未明确作业责任人，未确定互联互保人员，导致人员伤害	15	10	0.1	15	四级	指定作业负责人和互联互保人员	
7		5. 未掌握作业时的风险，导致人员伤害	15	10	0.1	15	四级	抽查作业人员对存在的风险和相关防控措施的掌握情况	
8		6. 不清楚风险的防控措施，导致人员伤害	15	10	0.1	15	四级	对照口袋卡及作业任务中存在的风险手指口述逐项进行提示提醒	
9		7. 未和生产单位联系，未进行停机确认，导致人员伤害	15	10	0.1	15	四级	及时联系生产单位，对讲机保持畅通，停机挂牌上锁，切断能量介质，设专人监护	

续表

序号	主要操作步骤	存在的风险	风险等级					主要防控措施	备注
			后果	暴露	可能性	风险值	风险等级		
10	检查工器具	1. 使用有缺陷的钳子、扳手、螺丝刀、手锤时，易发生磕碰	15	10	0.1	15	四级	作业前检查钳子、扳手、螺丝刀、手锤是否安全、可靠，及时更换不合格的工器具	
11	停送电	1. 设备未断电，人员因误操作启动设备，导致人员受到机械伤害；停错电，造成检修人员触电	25	2	3	150	三级	确认停电位置，两人作业相互确认，停电后进行验电，确认并挂牌上锁后方可进行其他作业	
12	气焊	1. 使用的气瓶爆炸，造成人员伤害	25	2	0.5	25	四级	（1）气瓶由专车运输，不得放倒推行 （2）安排人员经常在现场进行巡查	
13		2. 使用有缺陷的割枪、压力表、回火器，使用过程中发生漏气起火	25	2	0.5	25	四级	作业前检查割枪、压力表、回火器是否安全、可靠，气割现场放置灭火器	
14		3. 切割变形的钢材时发生应力释放，造成钢材反弹，导致人员受伤或设备损坏	50	2	1	100	三级	作业前提前消除应力或在合理安全位置处进行作业	
15	电焊	1. 使用有缺陷的焊把，易发生触电事故	25	2	0.5	25	四级	作业前检查焊把，及时更换损坏的焊把及把线	
16		2. 场地有油污，易发生火灾	25	2	0.5	25	四级	作业前清理场地，并配备可靠的灭火器	
17		3. 因高空坠物、空间狭小，易造成物体打击伤害	25	2	0.5	25	四级	作业人员确认安全站位	

续表

序号	主要操作步骤	存在的风险	风险等级					主要防控措施	备注
			后果	暴露	可能性	风险值	风险等级		
18	检修滑触线	1. 未验电就直接进行作业，发生作业人员触电伤害	25	2	1	50	四级	作业前进行验电确认，对电源进行挂牌上锁	
19		2. 工器具、滑触线及附属件易发生高空掉落，造成人员打击伤害	25	2	3	150	三级	作业区域下方设安全隔离区域	
20		3. 高空作业，易发生人员坠落	25	2	3	150	三级	设专人监护，使用双钩安全带	
21		4. 更换滑触线吊装时，发生掉落伤人	25	1	1	25	四级	捆绑牢固，设专人监护，作业区域下方设安全隔离区域	
22	检修集电器及附属件	1. 未验电就直接进行作业，发生人员触电伤害	25	2	0.5	25	四级	作业前进行验电确认，对电源进行挂牌上锁	
23		2. 集电器及附属件易发生高空掉落，造成打击伤害	15	1	3	45	四级	作业区域下方设置安全隔离区域	
24		3. 高空作业，易发生人员坠落	25	2	0.5	25	四级	设专人监护，使用双钩安全带	
25	试车	1. 试车前人员未撤离至安全区域，易发生伤害	25	2	0.5	25	四级	试车时及时清点周围人员，待所有人员撤离至安全区域后再试车	

附录 A　岗位安全风险辨识方法及取值（SEP 法）

A.1　风险评估公式

风险评估公式如下：

$$风险值 = 后果（S）×暴露（E）×可能性（P）$$

A.2　风险取值标准

A.2.1　后果

后果是指由于危害造成事故的最可能结果。后果取值表见表 A.1。

表 A.1　后果取值表

序号	后果的严重程度		分值
1	安全	造成死亡≥3 人；或重伤≥10 人；设备或财产损失≥1 000 万元	100
	健康	造成 3~9 例无法复原的严重职业病；造成 9 例以上很难治愈的职业病	
2	安全	造成 1~2 人死亡；或重伤 3~9 人；设备或财产损失在 100 万元到 1 000 万元之间	50
	健康	造成 1~2 例无法复原的严重职业病；造成 3~9 例以上很难治愈的职业病	
3	安全	造成重伤 1~2 人；设备或财产损失在 10 万元到 100 万元之间	25
	健康	造成 1~2 例难治愈的职业病或造成 3~9 例可治愈的职业病；造成 9 例以上与职业有关的疾病	
4	安全	造成轻伤 3 人以上；设备或财产损失在 1 万元到 10 万元之间	15
	健康	造成 1~2 例可治愈的职业病；造成 3~9 例与职业有关的疾病	
5	安全	造成轻伤 1~2 人；设备或财产损失在 1 000 元到 1 万元之间	5
	健康	造成 1~2 例与职业有关的疾病；造成 3~9 例有影响健康的事件	
6	安全	造成人员轻微的伤害（小的割伤、擦伤、撞伤）；设备或财产损失在 1 000 元以下	1
	健康	造成 1~2 例有健康影响的事件	

A. 2. 2　暴露

暴露是指危害引发最可能后果的事故序列中第一个意外事件发生的频率。暴露取值表见表 A. 2。

表 A. 2　暴露取值表

序号	引发事故序列的第一个意外事件发生的频率		分值
	安全、环境	职业健康	
1	持续（每天许多次）	暴露期大于 2 倍的法定极限值	10
2	经常（大概每天一次）	暴露期介于 1~2 倍法定极限值之间	6
3	有时（从每周一次到每月一次）	暴露期处于 1 倍 OEL 间	3
4	偶尔（从每月一次到每年一次）	暴露期介于允许水平和 OEL 之间	2
5	很少（据说曾经发生过）	暴露期在允许水平内	1
6	特别少（没有发生过，但有发生的可能性）	暴露期远小于允许水平	0. 5

A. 2. 3　可能性

即一旦意外事件发生，随时间形成完整事故顺序并导致结果的可能性。可能性取值表见表 A. 3。

表 A. 3　可能性取值表

序号	事故序列发生的可能性		分值
	安全	职业健康	
1	如果危害事件发生，即产生最可能和预期的结果（100%）	频繁：平均每 6 个月发生 1 次	10
2	十分可能（50%）	持续：平均每 1 年发生 1 次	6
3	可能（25%）	经常：平均每 1~2 年发生 1 次	3
4	很小的可能性，据说曾经发生过	偶然：3~9 年发生 1 次	1
5	相当少但确有可能，多年没有发生过	很难：10~20 年发生 1 次	0. 5
6	百万分之一的可能性，尽管暴露了许多年，但从来没有发生过	罕见：几乎从未发生过	0. 1

A.2.4　风险等级

风险等级及措施表见表 A.4。

表 A.4　风险等级及措施表

<table>
<tr><th>序号</th><th>风险类别</th><th>风险等级</th><th>风险值</th><th>应对措施</th></tr>
<tr><td>1</td><td>特高的风险</td><td>一级</td><td>400 及以上</td><td>考虑放弃、停止</td></tr>
<tr><td>2</td><td>高风险</td><td>二级</td><td>200~<400</td><td>需要立即采取纠正措施</td></tr>
<tr><td>3</td><td>中等风险</td><td>三级</td><td>70~<200</td><td>需要采取措施进行纠正</td></tr>
<tr><td>4</td><td>低风险</td><td rowspan="2">四级</td><td>20~<70</td><td>需要进行关注</td></tr>
<tr><td>5</td><td>可接受的风险</td><td>20 以下</td><td>容忍</td></tr>
</table>

表格索引